NEEMIAS

O líder que restaurou uma nação

NEEMIAS

O líder que resistem uma nação

Hernandes Dias Lopes

NEEMIAS

O líder que restaurou uma nação

© 2006 Hernandes Dias Lopes

1ª edição: agosto de 2006
1ª reimpressão: novembro de 2023

REVISÃO
Marcos Mendes Granconato
João Guimarães

DIAGRAMAÇÃO
Letras Reformadas

CAPA
Claudio Souto (layout)
Julio Carvalho (adaptação)

EDITOR
Aldo Menezes

COORDENADOR DE PRODUÇÃO
Mauro Terrengui

IMPRESSÃO E ACABAMENTO
Imprensa da Fé

As opiniões, as interpretações e os conceitos emitidos nesta obra são de responsabilidade do autor e não refletem necessariamente o ponto de vista da Hagnos.

Todos os direitos desta edição reservados à
EDITORA HAGNOS LTDA.
Rua Geraldo Flausino Gomes, 42, conj. 41
CEP 04575-060 — São Paulo, SP
Tel.: (11) 5990-3308

E-mail: hagnos@hagnos.com.br
Home page: www.hagnos.com.br

Editora associada à:

Dados Internacionais de Catalogação na Publicação (CIP)
(Câmara Brasileira do Livro, SP, Brasil)

Lopes, Hernandes Dias

Neemias: O líder que restaurou uma nação / Hernandes Dias Lopes. — São Paulo, SP: Hagnos 2006. (Comentários expositivos Hagnos).

ISBN 85-89320-94-4

1. Bíblia. A.T. Neemias - Comentários
I. Título

06-4850   CDD 222.807

Índices para catálogo sistemático:
1. Neemias: Livros históricos:
Comentários 222.807

Dedicatória

DEDICO ESTE LIVRO ao presbítero Laert Modolo e sua digníssima esposa, Irma Modolo, casal amigo, hospitaleiro, conselheiro, padrão dos fiéis. Tive o privilégio de ser acolhido por eles como um filho e desfrutei inúmeras vezes o aconchego do seu lar, a ternura do seu amor, as benesses de suas orações.

Sumário

Prefácio 9

Introdução 13

1. As marcas de um consolador
(Neemias 1.1-4) 19

2. Os atributos de um intercessor
(Neemias 1.5-11) 31

3. Como realizar os sonhos humanamente impossíveis
(Neemias 2.1-10) 39

4. Reforma, uma necessidade vital da Igreja
(Neemias 2.11-20) 47

5. Princípios para o sucesso
(Neemias 3.1-32) 55

6. Fazendo a obra de Deus debaixo da oposição
(Neemias 4.1-23) 65

7. Como enfrentar o problema da injustiça social
(Neemias 5.1-12) 75

8. As marcas de um líder íntegro
(Neemias 5.13-19) 87

9. Como enfrentar os velhos inimigos com novas faces
(Neemias 6.1-9) 97

10. Não ensarilhe as armas. A luta ainda não acabou
(Neemias 6.10-19) 107

11. O fortalecimento da cidade de Deus
(Neemias 7.1-73) 121

12. A restauração promovida pela Palavra de Deus
(Neemias 8.1-18) 131

13. O quebrantamento do povo e a exaltação de Deus
(Neemias 9.1-15) 145

14. A fidelidade de Deus e a infidelidade do povo
(Neemias 9.16-37) 155

15. Reforma espiritual. Uma aliança com Deus
(Neemias 9.38-10.1-39) 165

16. A ocupação da cidade de Deus
(Neemias 11.1-36) 177

17. A importância do louvor na vida do povo de Deus
(Neemias 12.1-47) 187

18. A restauração da aliança quebrada
(Neemias 13.1-31) 203

Prefácio

ESTE LIVRO SURGIU de uma série de sermões expositivos, baseados em Neemias, pregado pelo Rev. Hernandes Dias Lopes na Primeira Igreja Presbiteriana de Vitória. O que abençoou um grupo de pessoas, agora pode alcançar uma dimensão maior, pois a página impressa ultrapassa a barreira do tempo e do espaço.

O autor, ao usar uma linguagem vibrante, elegante e de fácil entendimento, consegue ressaltar toda a riqueza contida no relato bíblico, mostrando a história de Neemias, um homem que estava vivendo de maneira confortável na cidadela de Susã, capital de inverno do império medo-persa, por volta do ano 444 a.C., até ser chamado por Deus para um grande desafio: liderar sua nação, um povo escravo, pobre e que estava vivendo debaixo de miséria e opróbrio, a fim de que ele refletisse a glória de Deus.

Encontramos neste livro princípios importantíssimos e atuais sobre liderança, como: visão, planejamento, motivação, empreendimento, prudência e capacidade de decisão. Mais do que isso, esta obra nos aponta o caminho da liderança vitoriosa que administra tensões internas e externas sem jamais perder o foco. James Hunter, aplicando os princípios do seu famoso livro O monge e o executivo, enfatiza a importância do líder servo. Neemias, certamente, ergue-se como um dos maiores modelos do mundo de um líder servo. Ele continua sendo uma referência depois de mais de dois mil anos de como exercer a liderança no centro da vontade de Deus.

Existe uma razão pela qual Deus chamou a Igreja e formou este povo para si. A felicidade consiste em conhecer e experimentar esse projeto divino. Somos "raça eleita, sacerdócio real, nação santa, povo de propriedade exclusiva de Deus" (1Pe 2.9). Viver de maneira coerente com esta identidade, onde quer que estejamos, na igreja e no trabalho, na escola e na vida familiar, é o propósito da nossa jornada neste mundo. Neste livro, podemos ver evidenciados princípios eternos acerca do que é a vida cristã e o que fazer para que a glória do nosso Deus seja refletida em nosso viver.

Neemias, o líder que restaurou uma nação é um livro apropriado, oportuno e necessário nestes dias, pois atravessamos uma crise profunda de liderança em nossa sociedade, seja no meio político, empresarial, religioso e até mesmo familiar. Estamos vivendo uma epidêmica crise de identidade, em que as palavras "cristão" e "evangélico" em muito se esvaziaram de seu real significado. Minha oração é que a mensagem deste livro alcance e abençoe milhares de vidas em nossa Pátria e, quiçá, além fronteiras.

Ulisses Horst Duque
PRESBÍTERO DA PRIMEIRA IGREJA
PRESBITERIANA DE VITÓRIA – IPB

Introdução

O LIVRO DE NEEMIAS é um tratado sobre liderança. Seu conteúdo é fascinante, seus princípios são oportuníssimos, sua leitura é indispensável.

Ele formava um só livro com Esdras na Bíblia Hebraica.[1] A Septuaginta trazia os dois também como um só livro.[2] Ambos relatam o mesmo fato central: a volta do povo judeu da Babilônia, após setenta anos de cativeiro, para a reconstrução da cidade de Jerusalém. Ao revolvermos os escombros da cidade santa, espanando a poeira do tempo, aprenderemos princípios morais e espirituais que poderão transformar a nossa visão e a nossa própria vida.

Vivemos num mundo fragmentado. Há vidas quebradas, lares desfeitos e instituições públicas abaladas pela corrupção. A própria Igreja vive uma profunda crise de credibilidade. A sociedade está enferma. Precisamos desesperadamente da mensagem desse precioso livro. J. Oswald Sanders diz que parece haver uma evidente falta de liderança forte, segura, carismática que nossa época confusa necessita com tanta urgência.[3] Por isso, o estudo de Neemias é a oportunidade de abrir clareiras e apontar novos rumos para essa liderança.

O livro de Neemias é um manual que trata da restauração na vida, família, política, igreja e sociedade. É um dos livros mais extraordinários da História. É atualíssimo, pertinente, assaz oportuno, insuperável na arte da administração pessoal e pública. É um dos mais fascinantes compêndios sobre vida vitoriosa. Trata de conflitos intrapessoais e interpessoais. Aborda os tenebrosos ataques que vêm de fora sem deixar de apontar os perigos que vêm de dentro. Neemias precisa urgentemente ser redescoberto como um dos principais textos da literatura mundial sobre liderança eficaz. Mais do que fabuloso, esse livro é inspirado!

O livro de Neemias é um dos mais antigos, profundos e consistentes manuais de liderança de todos os tempos. Mergulhar em seus ensinos é matricular-se na escola superior dessa arte sublime. Trata-se de um livro de cabeceira para todos aqueles que aspiram ou ocupam um posto de liderança. Aprendemos por meio dele a planejar o nosso trabalho, a organizar o nosso tempo e recursos, a integrar nossas tarefas com a tarefa de outros, a motivar outros e avaliar os resultados.[4]

Nesse livro, aprendemos também como lidar com a oposição. O verdadeiro líder é aquele que abre mão do seu conforto pessoal para lutar pelas causas do seu povo

Introdução

ainda que isso lhe custe a própria vida. O verdadeiro líder compreende que se um ideal é maior do que a vida, vale a pena dar a vida pelo ideal.

Para compreendermos esse livro, precisamos observar, à guisa de introdução, três fatos importantes.

Em primeiro lugar, *o contexto histórico do cativeiro babilônico*. Com a morte de Salomão, em 931 a.C., o reino de Israel foi dividido. O Reino do Norte teve dezenove reis e oito dinastias. Em um período de 209 anos, nenhum desses reis buscou a Deus, sendo todos rebeldes. Deus enviou-lhes profetas, mas os nobres e o povo não se arrependeram. Então, Deus enviou o chicote e os entregou nas mãos da Assíria, em 722 a.C. Eles foram levados cativos e nunca foram restaurados.

O Reino do Sul teve vinte reis na mesma dinastia davídica. Judá não aprendeu a lição do Reino do Norte e também começou a se desviar de Deus. Os reis taparam os ouvidos à voz profética, prenderam e mataram os profetas. Então, Deus os entregou nas mãos de seus inimigos e eles foram levados cativos no ano 586 a.C. para a Babilônia e lá permaneceram setenta anos.

Em segundo lugar, *o retorno do cativeiro babilônico em três levas*. A megalomaníaca Babilônia caiu. Ela confiou na sua grandeza, orgulhou-se de sua pujança e a soberba a levou ao chão. Um novo império se levantou e dominou o mundo: o Império Medo-Persa. A política desse reino era diferente. A Babilônia arrancava os súditos da sua terra e os levava cativos, enquanto, o Império Medo-Persa adotava a política de manter os súditos em seu próprio território. Paul Freston assim descreve a política medo-persa:

> A política imperial persa era o oposto da dos babilônios. Era um "neo-imperialismo" mais brando, "anistiando" os exilados, permitindo e

até incentivando a volta às suas terras de origem. Ciro incentivava também as religiões dos povos colonizados, devolvendo os seus objetos sagrados, patrocinando a reconstrução de seus templos, pedindo suas intercessões [...] Muito acima das motivações políticas de Ciro está a mão de Deus.[5]

Dessa forma, o rei Ciro determinou a volta dos cativos quando tomou conhecimento que Jeremias havia profetizado a seu respeito nos seguintes termos:

Assim diz o SENHOR: Logo que se cumprirem para a Babilônia setenta anos, atentarei para vós outros e cumprirei para convosco a minha boa palavra, tornando a trazer-vos para este lugar. Eu é que sei que pensamentos tenho a vosso respeito, diz o SENHOR; pensamentos de paz e não de mal, para vos dar o fim que desejais. Então, me invocareis, passareis a orar a mim, e eu vos ouvirei. Buscar-me-eis e me achareis quando me buscardes de todo o vosso coração. Serei achado de vós, diz o SENHOR, e farei mudar a vossa sorte; congregar-vos-ei de todas as nações e de todos os lugares para onde vos lancei, diz o SENHOR, e tornarei a trazer-vos ao lugar donde vos mandei para o exílio.[6]

O povo voltou em três levas: 1) Sob a liderança de Zorobabel para reconstruir o templo; 2) Sob a liderança de Esdras para ensinar a Lei; 3) Sob a liderança de Neemias para reconstruir os muros. Tanto Esdras como Neemias voltaram sob o governo de Artaxerxes I (465-424 a.C.). Os judeus que voltaram para Jerusalém foram profundamente influenciados pela fé dos seus pais mesmo no cativeiro. A criação das sinagogas no exílio para o estudo da lei e dos profetas exerceu uma grande influência na inspiração da fé religiosa daqueles que retornaram à Jerusalém.[7] O cativeiro babilônico foi decisivo para os judeus deixarem a idolatria.[8]

Introdução

Muitos ficaram na Babilônia e não quiseram voltar. A geração que fora para o cativeiro já estava idosa e a que nascera na Babilônia havia se aculturado.

Em terceiro lugar, *o opróbrio dos que voltaram do cativeiro*. Os que voltaram enfrentaram a proposta sedutora dos samaritanos para se associarem na reconstrução do templo. Os judeus rejeitaram a proposta veementemente. Perceberam que os samaritanos não estavam interessados na reconstrução de Jerusalém, mas na destruição do próprio povo judeu (Ed 4.1-3; 2Rs 17.24,33,34). A rejeição foi motivada por sentimentos religiosos e não por preconceito racial (Ed 6.21). A questão não era racismo, mas fidelidade doutrinária.

A rejeição da oferta samaritana provocou forte oposição e a construção do templo foi paralisada por ordem do rei Artaxerxes (Ed 4.11-21). O resultado foi que a cidade ficou despovoada (Ne 11.1). O povo voltou para Jerusalém, mas a restauração ainda não havia acontecido. O templo, a cidade e o povo estavam debaixo de grande miséria e opróbrio.

Nesse ínterim, Neemias recebeu a visita de Hanani na cidadela de Susã, a residência de inverno dos reis persas,[9] no ano 444 a.C., no vigésimo ano de Artaxerxes I (464-423), ou seja, treze anos depois de Esdras subir a Jerusalém, e 142 anos depois do cativeiro babilônico (Ed 7.7). Essa visita de Hanani foi providencial. A partir dela um novo horizonte se abriu na vida de Neemias e um novo futuro chegou para a cidade de Jerusalém. Aquele foi o *kairós* de Deus, o tempo da oportunidade. Randy Phillips diz que o termo "oportunidade", em latim, significa "seguir em direção ao porto". Na antiguidade os marinheiros empregavam o vocábulo para designar o momento em que a maré e os ventos lhes eram favoráveis, facilitando a entrada no porto.

Assim que percebiam que as condições meteorológicas eram boas, içavam logo as velas para tirarem o máximo proveito do tempo.[10] Da mesma forma, Neemias aproveitou essa oportunidade e içou as suas velas no sentido de restaurar a cidade dos seus pais.

Notas da Introdução

[1] MEARS, Henrietta C. *Estudo Panorâmico da Bíblia.* São Paulo: Vida, 1982, p. 133.

[2] GAGLIARDI JR., Angelo. *Panorama do Velho Testamento.* Niterói: Vinde, 1995, p. 163.

[3] SANDERS, J. Oswald. *Paulo, o líder.* São Paulo: Vida, 1986, p. 7.

[4] BARBER, Cyril J. *Neemias e a dinâmica da liderança eficaz.* São Paulo: Vida, 1982, p. 10.

[5] FRESTON, Paul. *Neemias: Um profissional a serviço do Reino.* São Paulo: ABU, 1990, p. 8.

[6] Jeremias 29.10-14.

[7] ELLISEN, Stanley A. *Conheça melhor o Antigo Testamento.* São Paulo: Vida, 1991, p. 128.

[8] SILVA, José Apolônio da. *Sintetizando a Bíblia.* Rio de Janeiro: CPAD, 1984, p. 72.

[9] KIDNER, Derek. *Esdras e Neemias.* São Paulo: Vida Nova, 1985, p. 84.

[10] PHILLIPS, Randy. *Sete promessas de um homem de palavras.* Venda Nova, MG: Betânia, 1996, p. 16.

Capítulo 1

As marcas de um consolador
(Neemias 1.1-4)

Neemias é um homem sintonizado com o céu e com a terra. Ele olha a vida da perspectiva do tempo e da eternidade. Ele tem a cabeça cheia de luz e o coração pleno de devoção. É grande líder diante dos homens e um humilde adorador diante de Deus. É capaz de enfrentar as maiores pressões internas e externas sem se intimidar e também de chorar diante do sofrimento dos seus irmãos.

Neemias é um empreendedor guiado pelo desejo de fazer o extraordinário. John Maxwell, citando A. W. Tozer, diz que Deus está procurando pessoas com as quais possa fazer o impossível. Como é triste constatar que nós somente planejamos aquilo que podemos fazer por nós mesmos.[11]

Neemias é um líder que ora e age, que fala e faz, que planeja e motiva, que confronta e consola, que busca a glória de Deus e o bem do povo e não sua própria promoção. Sua vida é um exemplo, sua liderança é um estandarte, seu trabalho é um monumento. A poeira do tempo não pode apagar seus feitos. Sua abnegação e coragem são tônicos que ainda fortalecem os braços de muitos líderes. Sua piedade e engenho administrativo são faróis que alumiam a estrada daqueles que abraçam a vida pública. Sua compaixão e lágrimas pelos desassistidos de esperança são bálsamo que aliviam as feridas de muitos peregrinos. Suas orações e zelo pela verdade balizam o caminho de muitos embaixadores de Deus na História.

Vamos olhar o álbum desse grande líder e contemplar o seu rosto, suas palavras, suas obras, seu exemplo. Cada página desse precioso livro tem o peso de uma tonelada. Há princípios tão fantásticos nesse livro que são mais preciosos do que muito ouro depurado. Leia o livro de Neemias com a mente aberta, com o coração sedento e com a alma ávida de receber de Deus a instrução. O Espírito Santo é quem nos guia à verdade. Ele é o mestre divino que abre nosso entendimento e ilumina nossa mente na percepção das insondáveis riquezas de Cristo.

Quais são os atributos desse gigante de Deus, desse distinto consolador?

Um homem que está a serviço de Deus e dos homens (Ne 1.11b)

Três fatos são dignos de destaque a respeito de Neemias:

Em primeiro lugar, *o seu nome* (1.1). O nome *Neemias* significa "confortador dado por Deus ou aquele que consola".[12] Neemias era um consolador, um homem de coração aberto e sensível aos problemas dos outros. Neemias era um servo de Deus, servindo ao rei da Pérsia e disposto também a servir o seu desprezado povo. Possivelmente, Neemias tenha nascido no cativeiro e tenha crescido num ambiente cercado por influências pagãs. No entanto, mesmo cercado por ambiente hostil, cresceu como um homem comprometido com Deus.

Em segundo lugar, *sua ocupação* (1.11). Neemias provavelmente não conhecia Jerusalém. Ele cresceu num contexto de politeísmo. Contudo, por causa de sua integridade, capacidade e lealdade, ocupou um cargo de grande confiança no reinado de Artaxerxes, em Susã, principal palácio e residência de inverno do monarca. Susã era uma fortaleza, onde Dario levantou um magnificente palácio.[13] Pelo grande temor que os reis tinham de ser envenenados, o copeiro era um homem de grande confiança. Ele provava o vinho do rei e cuidava dos seus aposentos.[14] Ele supervisionava toda a alimentação do palácio e, antes de o rei ingerir qualquer bebida, devia tomar o copo, ingerindo-a ele mesmo. Isso tinha por fim demonstrar que nenhuma traição ocorrera e que, portanto, não havia perigo de envenenamento.[15] Bill Arnold afirma que o título de "copeiro" não significa que Neemias era um mordomo, mas sim um conselheiro pessoal do imperador do mundo.[16] O copeiro tinha acesso constante à presença do rei e, por isso, tornava-se uma pessoa de grande influência.[17] John Maxwell diz que liderança é influência – nada mais, nada menos.[18]

Neemias era um homem de visão e ação. Ele orava e agia. Tinha trânsito com Deus e com os homens. É conhecido o ditado: "Coragem mais obediência hoje, é igual a sucesso amanhã". O rei da Pérsia colocava a vida em suas mãos. Além de copeiro, ele era uma espécie de primeiro-ministro, o braço direito do rei Artaxerxes.

Neemias cresceu em terra estranha, mas certamente manteve-se atualizado no estudo da Palavra de Deus. Ele conhecia Deus e tinha vida intensa de oração. A piedade de Neemias não o alienou das grandes causas sociais e políticas. Ele tinha dupla cidadania: terrena e celestial. Tinha intimidade com Deus e sabia lidar com os homens. Sabia estar diante do rei e também relacionar-se com o povo. Transitava com liberdade no palácio e também nas ruas.

Em terceiro lugar, *sua empatia* (1.4). Seus ouvidos estavam abertos ao clamor do seu irmão e seu coração profundamente sensível às necessidades do seu povo. Neemias vivia no luxo, mas também vivia de forma piedosa. Ele vivia com Deus e se importava com aqueles que viviam na miséria. Jerusalém estava a 1.500 km de Susã. Neemias nunca vira antes a cidade dos seus pais, mas ele se importava com ela. Os problemas da cidade eram os seus problemas, a dor da sua gente era a sua dor. Na sua agenda havia espaço para receber aqueles que estavam sofrendo. Era um homem que tinha conhecimento, influência e poder, mas não se afastava daqueles que viviam oprimidos pelo sofrimento. Muitos homens que vivem encastelados no poder aproximam-se do povo apenas para auferir benefícios próprios; correm atrás do povo apenas à cata de votos para depois se locupletarem com lucros abusivos, esquecendo-se deliberadamente daqueles que os guindaram ao poder. Neemias caminha na direção do povo para socorrê-lo e não para explorá-lo.

Um homem que se importa com as pessoas e não apenas com o seu próprio sucesso (Ne 1.2-4)

A vida de Neemias nos ensina três importantes lições nesse aspecto:

Em primeiro lugar, *Neemias é um homem que faz perguntas* (1.2). A coragem de fazer perguntas vai mudar a sua vida, afirma o irmão André.[19] A vida de Neemias nunca mais foi a mesma depois que fez esta pergunta: "Veio Hanani, um de meus irmãos, com alguns de Judá; então, lhes perguntei pelos judeus que escaparam e que não foram levados para o exílio e acerca de Jerusalém" (1.2). A resposta a esta pergunta impactou profundamente a vida de Neemias: "Disseram-me. Os restantes, que não foram levados para o exílio e se acham lá na província, estão em grande miséria e desprezo; os muros de Jerusalém estão derribados, e as suas portas, queimadas" (1.3). Quando você toma conhecimento de um problema, se torna responsável diante de Deus pela solução desse problema. Se você não está interessado em ajudar, não faça perguntas. Perguntar a alguém como vai, sem ter tempo, disposição e esforço para ajudar é uma consumada hipocrisia. Os líderes encontram seus propósitos nas necessidades que os cercam.[20] Necessidades à nossa volta são *out-doors* de Deus a apontar-nos nosso ministério. O fardo precede a visão e a visão leva à ação.

Quando Neemias soube da necessidade do seu povo, sentiu-se chamado para atender àquela necessidade. Temos de ter coragem para fazer perguntas acerca dos problemas que afligem nossa vida, família, igreja, cidade e nação. O irmão André diz que quando você perguntar sobre determinada necessidade, vai acabar descobrindo que está sendo chamado para atender a essa necessidade! E a sua responsabilidade é tão grande quanto a sua chamada. E o que é uma chamada? É saber de uma necessidade.[21]

Em segundo lugar, *Neemias é um homem que diagnostica os problemas do seu povo* (1.3). Que tipo de problemas estava acontecendo em Jerusalém?

O primeiro problema que Jerusalém estava enfrentando era *a insegurança pública*. Hanani disse a Neemias: "[...] os muros de Jerusalém estão derribados" (1.3). A cidade estava desguarnecida, o povo estava sem defesa. Não havia segurança. Os invasores podiam entrar a qualquer hora. Um povo sem segurança sente-se vulnerável e ameaçado. Esse é o maior problema das grandes cidades hoje. Vivemos sob o espectro do medo. Trancamo-nos dentro de casa e temos medo de sair às ruas. Há violência, arrombamentos, assaltos e seqüestros. Nossas cidades estão se transformando num campo de sangue, num anfiteatro onde tombam as vítimas indefesas da criminalidade incontrolável. Nossas cidades estão sem muros e entregues à sanha de hordas de criminosos. O narcotráfico desafia a Justiça como um poder paralelo. Os cartéis do crime organizado se infiltram nos poderes constituídos e tiram a esperança da nação. Vivemos um sentimento de impotência.

O segundo problema que Jerusalém estava enfrentando era *a injustiça social*. Disse, ainda Hanani: "[...] e as suas portas, queimadas" (1.3). Os juízes que julgavam as causas do povo ficavam junto às portas da cidade. Com suas portas queimadas, Jerusalém estava desassistida do braço repressor da lei, desprovida da ação do ministério público e sem o ministério vital dos juízes. O judiciário estava falido. Campeavam a corrupção e o desmando. Não havia lei, nem justiça. A sociedade se desespera quando a justiça é torcida e quando aqueles que a aplicam se corrompem. Vivemos esse mesmo drama de um poder judiciário levedado pelo fermento da corrupção. O povo fica com a esperança morta quando aqueles que deviam ser os guardiões da lei, mancomunam-se com esquemas criminosos para praticarem toda sorte de injustiça. As

As marcas de um consolador

portas das nossas cidades também estão queimadas. Não somente estamos expostos às gangues do narcotráfico, aos esquemas mafiosos dos crimes de mando, aos ataques cada vez mais violentos daqueles que zombam do valor da vida e ceifam os inocentes sem que estes ofereçam resistência, mas também estamos assombrados com o conluio criminoso dos poderes constituídos, com essas forças ocultas do mal que espalham o pavor e se embriagam com o sangue da nossa gente. A tragédia que se abateu sobre Jerusalém no passado é uma dolorosa realidade também dos nossos dias.

O terceiro problema que Jerusalém estava enfrentando era *a pobreza*. Hanani concluiu seu relato: "Os restantes, que não foram levados para o cativeiro e se acham lá na província, estão em grande miséria..." (1.3). O povo judeu tinha voltado para Jerusalém. Cento e vinte anos haviam se passado desde que foram levados para a Babilônia, mas a pobreza ainda assolava o povo. Viviam no meio de escombros. Eles perderam o ânimo para lutar. Viviam oprimidos pelos seus inimigos. Cada um corria atrás da sua própria sobrevivência e, assim, o povo perdeu a noção de cidadania. Um povo achatado pela opressão política, esmagado sob o tacão cruel da pobreza capitula e enfrenta o maior de todos os naufrágios: o naufrágio da esperança. O Brasil está entre as vinte maiores economias do mundo. Nas nações mais desenvolvidas, o maior salário público é apenas de sete a dez vezes maior do que o salário mínimo. No Brasil, há salários cem vezes maior do que o salário mínimo. Essa desigualdade brutal alarga a base da pirâmide social, coloca uma corda no pescoço do pobre e tira-lhe o oxigênio da esperança. No maior celeiro do mundo, ainda existem milhões de pessoas que morrem de fome. Outras, com o rosto corado de vergonha, disputam com os cães leprentos os restos apodrecidos das feiras. Ainda outras vivem com o ventre estufado pelas costelas em ponta na ânsia de encher o estômago fuzilado pela dor estonteante da fome.

O quarto problema que Jerusalém estava enfrentando era *o desprezo*. Hananias conclui, dizendo: "... e desprezo" (1.3). Além de viverem numa cidade sem segurança e sem justiça; além de estarem golpeados pela pobreza, eram também ultrajados pelo desprezo. Era um povo esquecido, abandonado à sua sorte. Maior do que a dor da pobreza, é a dor do abandono. O povo estava desassistido e ainda encurralado pelos inimigos. Muitos vivem assim ainda hoje. O desprezo não dói apenas no bolso e no estômago, mas, sobretudo, na alma. Ele atinge o âmago, o íntimo. Ele tenta destruir o homem de dentro para fora.

Em terceiro lugar, *Neemias é um homem que se levanta como resposta de Deus aos problemas do povo* (1.4). Realizar os sonhos de Deus é mais importante do que viver encastelado no nosso próprio conforto. Por isso, Neemias deixou sua zona de conforto, o palácio de Artaxerxes, e foi reconstruir os muros caídos de Jerusalém. Nesse tempo, Neemias era copeiro do rei, mas abriu mão de tudo para cumprir os propósitos de Deus. O grande esportista londrino Charles Studd, ao ser questionado sobre as razões de ter abdicado da sua riqueza e sucesso para ser missionário, respondeu: "Se Jesus Cristo é Deus e morreu por mim, então nenhum sacrifício que eu faça por Ele pode ser grande demais".

Para que Deus está levantando você? Para que você está se preparando? Para que você está ocupando esse ou aquele cargo em sua empresa? Qual é o propósito de Deus para sua vida? Melhor do que realizar os seus próprios sonhos, é cumprir o soberano projeto de Deus. Moisés, Ester, Davi,

As marcas de um consolador

Neemias e Paulo aprenderam o que é viver para realizar os propósitos do coração de Deus.

Um homem capaz de sentir na pele
a dor do seu povo (Ne 1.4)

Duas verdades saltam aos nossos olhos acerca de Neemias:

Em primeiro lugar, *os problemas do seu povo levaram Neemias às lágrimas* (1.4). Quanto tempo faz que você não chora? Os nossos sentimentos estão congelados. O irmão André cita William Hopkins, que orava freqüentemente: "Senhor, dá-me o dom das lágrimas".[22] Antes de Deus fazer alguma coisa, Ele precisa amolecer o nosso coração. Só gente quebrantada é usada plenamente por Deus. Choramos quando tomamos conhecimento das necessidades das pessoas? Neemias chorou! Jesus chorou!

Por que Neemias chorou? Não somente porque a cidade dos seus pais estava em ruínas; não somente porque lá estava o Templo, onde Deus era adorado; mas, porque o Deus de seus pais estava sendo escarnecido pelos seus inimigos. Eles diziam: "Deus não consegue dar vitória ao povo, ele é incapaz. Nossos ídolos são mais poderosos do que o Deus de Israel". A preocupação de Neemias era com a glória de Deus, não apenas com o bem-estar do povo.

Jesus chorou por nós. Desceu da glória e se identificou conosco. Temos nós chorado pelos dramas do povo de Deus? Temos nós chorado pela desesperadora situação em que se encontra a sociedade contemporânea? Temos nós chorado por causa da violência, da injustiça, da pobreza e do opróbrio que têm assolado a nossa gente?

Em segundo lugar, *os problemas do seu povo levaram Neemias a um profundo lamento* (1.4). Neemias chorou e lamentou por quatro meses o problema do seu povo, ou seja, do mês de quisleu (1.1) ao mês de nisã (2.1). Era um lamento profundo, que durou quatro meses. Neemias vivia no palácio, mas seu coração já estava nas ruínas de Jerusalém. O irmão André alerta para o perigo de escondermos nossos sentimentos:

> Por que sempre tentamos reprimir esses sentimentos súbitos de alegria? Por que sempre tentamos reprimir nossos sentimentos de tristeza? Por que não queremos nunca que os outros saibam que nós também choramos, às vezes? É porque temos receio de parecermos tolos. Professamos que seguimos a Cristo. Ele foi chamado de "o homem de dores". Quando Jesus foi ao enterro do seu amigo Lázaro, Ele chorou. Ele demonstrou os Seus sentimentos, o Seu amor, a Sua compaixão pelos sofrimentos do povo. Ele também revelou Sua ira diante da injustiça. Por que procuramos ser tão terrivelmente polidos? Vamos nos desvencilhar desse verniz.[23]

Um homem que busca os recursos do céu e da terra para resolver os problemas do povo (Ne 1.4)

Neemias era um homem que tinha afinidade com a corte celestial e também com o trono do rei Artaxerxes. Ele buscava tanto o socorro de Deus quanto a ajuda do rei medo-persa. Três fatos nos chamam a atenção:

Em primeiro lugar, *Neemias busca o favor de Deus por meio da prática do jejum* (1.4). Ele não só chorou, mas também jejuou. Quanto tempo faz desde que você jejuou realmente? Neemias tinha muitos obstáculos pela frente: a permissão do rei; a mobilização do povo; o ataque dos inimigos; a dureza da obra; a pobreza e o desânimo do povo. Por isso, ele jejuou. Para as causas perdidas, devemos buscar a força de Deus pelo jejum, quebrantando-nos, humilhando-nos na presença de Deus. Jejum é fome de Deus, é saudade de Deus. É alimentarmo-nos da essência do Pão do Céu, em vez do símbolo do pão do céu. O apóstolo Paulo diz que devemos comer e beber para a glória de Deus (1Co 10.31). Ora, se comemos para a glória de Deus e jejuamos para a glória de Deus, então qual a diferença entre comer e jejuar? John Piper diz que quando comemos, alimentamo-nos com o símbolo do pão do céu, mas quando jejuamos, alimentamo-nos da própria essência do pão do céu.

Em segundo lugar, *Neemias derrama a sua alma em fervente oração* (1.4). Neemias foi um homem de oração. Ele acreditava no poder da oração. Durante quatro meses, ele orou e Deus moveu o coração do rei. Ele orou e Deus abriu as portas. A soberania de Deus encoraja Neemias à oração. Ele esteve orando perante o Deus dos céus. Os homens práticos são aqueles que oram e agem. Oração sem ação é fanatismo. Ação sem oração é presunção.

Em terceiro lugar, *Neemias busca o favor do rei* (1.11; 2.5). Neemias ora e age. Ele busca a Deus e também toma medidas práticas: fala com o rei, vistoria a obra, incentiva o povo, enfrenta os inimigos, faz nomeações certas.

Por meio desse texto, aprendemos algumas lições práticas: Primeiro, os problemas aparentemente insolúveis têm solução quando homens comprometidos com Deus se levantam na força de Deus para agir. Segundo, os homens mais eficazes na obra de Deus são aqueles que têm o coração quebrantado e conhecem a intimidade de Deus pelo jejum e pela oração. Terceiro, Deus pode levantar e usar você poderosamente se você tiver coragem de fazer perguntas e sair da sua zona de conforto. Você tem sido um consolador na sua geração?

NOTAS DO CAPÍTULO 1

[11] MAXWELL, John C. *21 Minutos de poder na vida de um líder*. São Paulo: Mundo Cristão, 2002, p. 46.

[12] Irmão André. *Edificando um mundo em ruínas*. Rio de Janeiro: CPAD, 1985, p. 21.

[13] CHAMPLIN, Russell Norman. *O Antigo Testamento interpretado versículo por versículo*. Vol. 3. São Paulo: Hagnos, 2001, p. 1775.

[14] BARBER, Cyril J. *Neemias e a dinâmica da liderança eficaz*, p. 11.

[15] FERREIRA, Julio André. *Conheça sua Bíblia*. Campinas: Livraria Cristã Unida, 1977, p. 166.

[16] ARNOLD, Bill T. e BEYER, Bryan E. *Descobrindo o Antigo Testamento*. São Paulo: Cultura Cristã, 2001, p. 269.

[17] KIDNER, Derek. *Esdras e Neemias*, p. 86.

[18] MAXWELL, John C. Maxwell. *21 Minutos de poder na vida de um líder*, p. 35.

[19] Irmão André. *Edificando um mundo em ruínas*. CPAD, p. 15.

[20] MAXWELL, John C. *21 Minutos de poder na vida de um líder*, p. 74.

[21] Irmão André. *Edificando um mundo em ruínas*, p. 21.

[22] Irmão André. *Edificando um mundo em ruínas*, p. 30.

[23] Irmão André. *Edificando um mundo em ruínas*, p. 35.

Capítulo 2

Os atributos de um intercessor
(Neemias 1.5-11)

COMO CONSOLADOR, Neemias viveu perto das pessoas; como intercessor, perto de Deus.

Neemias era, acima de tudo, um homem de oração.[24] Neemias sempre foi um homem muito ocupado, mas não tão ocupado a ponto de não ter tempo para Deus. Você encontrará dez de suas orações neste livro (1.4s; 2.4; 4.4; 5.19; 6.9,14; 13.14,22,29,31). Um dos truques do diabo é manter-nos tão ocupados que não encontramos tempo para orar. Se Neemias não fosse um homem de oração, o futuro de Jerusalém teria sido outro.[25] A força da oração é maior do que qualquer combinação de esforços na terra. A oração move o céu, aciona o braço onipotente de Deus, desencadeia grandes intervenções de Deus na História. Quando o homem trabalha, o homem trabalha, mas quando o homem ora, Deus trabalha. Neemias começa seu ministério orando. Sua oração é uma das mais significativas registradas na Bíblia. Vemos nela os elementos da adoração, petição, confissão e intercessão.

Um intercessor é alguém que se levanta diante do trono de Deus a favor de alguém. Ésquilos foi condenado à morte pelos atenienses e estava para ser executado. Seu irmão Amintas, herói de guerra, tinha perdido a mão direita na batalha de Salamis, defendendo os atenienses. Ele entrou na corte, exatamente na hora que seu irmão estava para ser condenado e, sem dizer uma palavra, levantou o braço direito sem mão na presença de todos. Os historiadores dizem que quando os juízes viram as marcas do seu sofrimento no campo de batalha e relembraram o que ele tinha feito por Atenas, por amor a ele, perdoaram o seu irmão.

Quais são os atributos de um intercessor?

Um intercessor é alguém que sente o fardo dos outros sobre si (1.4)

Um intercessor torna-se responsável diante do conhecimento de uma necessidade. O conhecimento de um problema nos responsabiliza diante de Deus e dos homens. O conhecimento dos problemas do seu povo levou Neemias a orar a respeito do assunto.

Um intercessor sente a dor dos outros em sua própria pele. Um egoísta jamais será um intercessor. Só aqueles que têm compaixão podem sentir na pele a dor dos outros e levá-la ao trono da graça. Neemias chorou, lamentou, orou e jejuou durante quatro meses pela causa do seu povo. Sua oração foi persistente e fervorosa.

Cyril Barber diz que um líder sábio coloca bem alto em sua lista de prioridades o bem-estar daqueles com quem trabalha. Ele se assegura de que os problemas dos seus liderados sejam resolvidos antes de cuidar de seus próprios problemas.[26] Montgomery acertadamente disse: "O início da liderança é uma luta pelos corações e pelas mentes dos homens".[27]

Um intercessor é alguém que reconhece a soberania de Deus sobre si (1.5a)

Um intercessor aproxima-se de Deus com um profundo senso de reverência. Neemias começa a sua intercessão adorando a Deus. Você adora a Deus por quem Ele é? "Ah! Senhor, Deus dos céus, Deus grande e temível..." (v. 5). Neemias entende que Deus é o governador do mundo. Ele focaliza sua atenção na grandeza de Deus, antes de pensar na enormidade do seu problema. Um intercessor aproxima-se de Deus sabendo que Ele é soberano, onipotente, diante de quem precisamos nos curvar cheios de temor e reverência.

Um intercessor aproxima-se de Deus sabendo que para Ele não há impossíveis. Quanto maior Deus se torna para você, menor se torna o seu problema. Daniel disse que o povo que conhece a Deus é forte e ativo (Dn 11.32).

Um intercessor é alguém que se firma na fidelidade de Deus (1.5b)

Um intercessor sabe que Deus é fiel à Sua aliança. Neemias expressou isso claramente em sua oração: "[...] que guardas a aliança e a misericórdia para com aqueles que te amam e guardam os teus mandamentos" (1.5). Somos o povo de Deus. Ele firmou conosco uma aliança eterna de ser o nosso Deus e nós o Seu povo. Ele vela por nós e prometeu estar conosco sempre. Ele prometeu nos guardar, nos conduzir em triunfo e nos receber na glória. Quando oramos, podemos nos agarrar nas promessas dessa aliança.

Um intercessor fundamenta-se não nos seus méritos, mas na fidelidade de Deus. Neemias tem disposição para interceder porque conhecia o caráter fiel e misericordioso de Deus. Quanto mais teologia você conhece, mais comprometido com a oração você deve ser.

Um intercessor é alguém que importuna Deus com suas súplicas (1.6)

Um intercessor é alguém que não descansa nem dá descanso a Deus. Neemias foi incansável em sua importunação. Ele orou continuamente, com perseverança. Ele disse: "Estejam, pois, atentos os teus ouvidos, e os teus olhos, abertos, para acudires à oração do teu servo, que hoje faço à tua presença, dia e noite, pelos filhos de Israel, teus servos..." (1.6). Muitas vezes, começamos a interceder por uma causa e logo a abandonamos. Neemias orou 120 dias com choro, com jejum, dia e noite. Ele insistiu com Deus.

Um intercessor é alguém que se coloca na brecha a favor de alguém. Ele ora a favor do povo de Deus e se preocupa com a honra de Deus. Esse povo é servo de Deus. É o nome de Deus que está em jogo. Ele sente esse fardo e o coloca diante de Deus em fervente oração.

Um intercessor é alguém que reconhece os seus pecados e os do povo e os confessa (1.6b,7)

Três verdades nos chamam a atenção acerca do ministério de intercessão de Neemias:

Em primeiro lugar, *um intercessor tem consciência das causas da derrota do povo.* O pecado foi a causa do cativeiro. Deus entregou o povo nas mãos do rei da Babilônia. O pecado foi a causa da miséria dos que voltaram do cativeiro. O pecado produz fracasso, derrota, vergonha, opróbrio. A História está repleta de exemplos de homens que colheram frutos amargos como conseqüência de seus pecados. Acã foi apedrejado com sua família. Hofni e Finéias morreram e levaram à morte mais de trinta mil homens. Davi trouxe a espada sobre a sua própria casa. O pecado é uma fraude, oferece prazer e paga com a escravidão; parece gostoso ao paladar, mas mata.

Em segundo lugar, *um intercessor identifica-se com os pecados do povo.* Neemias orou: "[...] e faço confissão pelos pecados dos filhos de Israel, os quais temos cometido contra ti; pois eu e a casa de meu pai temos pecado" (1.6b). Neemias não ficou culpando o povo, mas identificou-se com ele. Um intercessor não é um acusador, jamais aponta o dedo para os outros, antes, levanta as mãos para o céu em fervente oração.

Em terceiro lugar, *um intercessor faz confissões específicas.* Muitas confissões são genéricas e inespecíficas, por isso sem convicção de pecado e sem quebrantamento. Neemias foi específico: "Temos procedido de todo corruptamente contra ti, não temos guardado os mandamentos, nem os estatutos, nem os juízos que ordenaste a Moisés, teu servo" (1.7). Para que a oração tenha efeito, precisa ser acompanhada de confissão. Quem confessa seus pecados e os deixa alcança misericórdia (Pv 28.13).

Um intercessor é alguém que se estriba nas promessas da Palavra de Deus (1.8-10)

A Palavra de Deus e a oração andam de mãos dadas. Um intercessor precisa conhecer a Palavra. É o combustível da

Palavra que alimenta o ministério da intercessão. Quatro verdades devem ser destacadas aqui:

Em primeiro lugar, *um intercessor sabe que Deus tem zelo no cumprimento da Sua Palavra* (1.8). Neemias começou sua oração dizendo para Deus: "Lembra-te". A memória de Deus é infalível, pois Ele é onisciente, mas Deus ama ser lembrado de Suas promessas. Quem ora com base na Palavra, ora segundo a vontade de Deus. As maiores orações da Bíblia foram fundamentadas nas promessas da Palavra de Deus. A oração eficaz é aquela que se baseia nas promessas de Deus. R. C. Trench diz: "a oração não é vencer a relutância de Deus; é apropriar-se de Sua mais alta disposição".

Em segundo lugar, *um intercessor compreende que a disciplina de Deus vem sobre a desobediência* (1.8b). Deus prometeu bênçãos e alertou acerca da maldição causada pela desobediência. O povo de Israel desobedeceu e sofreu nas mãos de seus inimigos. A dispersão e o cativeiro foram juízos de Deus contra o Seu povo por causa do pecado. O pecado sempre atrai juízo, derrota, dispersão.

Em terceiro lugar, *um intercessor compreende que o arrependimento sempre redunda em restauração* (1.9). Deus é compassivo. Ele é o Deus de toda graça, aquele que restaura o caído e não rejeita o coração quebrantado. Neemias sabe que se o povo se arrepender, virá um tempo novo de restauração e refrigério. Essa é a confiança do intercessor, o conhecimento do caráter misericordioso de Deus.

Em quarto lugar, *um intercessor compreende que os pecados do povo de Deus não anulam a aliança de Deus com ele* (1.10). Neemias ora fundamentado na perseverança do amor de Deus pelo Seu povo. Ainda que sejamos infiéis, Deus continua sendo fiel. Neemias fala de um lugar escolhido e de um povo escolhido. As nossas fraquezas não anulam a eleição da graça. Mesmo quando pecamos não deixamos de ser o povo remido por Deus, nem deixamos de ser servos de Deus.

Um intercessor é alguém que associa devoção e ação (1.11)

Um intercessor ora e age. Neemias orou, jejuou, lamentou e chorou por 120 dias. Ele colocou essa causa diante de Deus, mas também colocou a mesma causa diante do rei. A oração não é um substituto para o trabalho. Ela é o maior trabalho. Neemias ora e toma medidas práticas: vai ao rei, informa-o sobre a condição do seu povo, faz pedido, pede cartas, verifica o problema, mobiliza o povo e triunfa sobre dificuldades e oposição.

Um intercessor compreende que o coração do rei está nas mãos de Deus. Neemias compreende que o maior rei da terra está debaixo da autoridade e do poder do Rei dos reis. Neemias compreende que o mais poderoso monarca da terra é apenas um homem. Ele sabe que só Deus pode inclinar o coração do rei para atender ao seu pedido. Neemias compreende que a melhor maneira de influenciar os poderosos da terra é ter a ajuda do Deus todo-poderoso. Ele vai ao rei confiado no Rei dos reis. Ele conjuga oração e ação.

Pela oração de Neemias um obstáculo aparentemente intransponível foi reduzido a proporções domináveis. O coração do rei se abriu, os muros foram levantados e a cidade reconstruída. A oração abre os olhos para coisas antes não vistas. Nossas orações diárias diminuem nossas preocupações diárias.[28]

NEEMIAS – O líder que restaurou uma nação

NOTAS DO CAPÍTULO 2

[24] Irmão André. *Edificando um mundo em ruínas*, p. 61.

[25] Ibid., p. 65.

[26] BARBER, Cyril J. *Neemias e a dinâmica da liderança eficaz*, p. 22.

[27] MONTGOMERY, Viscount. *The path of leadership*. Londres: Collins, 1961, p. 10.

[28] BARBER, Cyril J. *Neemias e a dinâmica da liderança eficaz*, p. 23.

Capítulo 3

Como realizar os sonhos humanamente impossíveis
(Neemias 2.1-10)

JOHN MAXWELL DIZ QUE a vitória é possível apesar das circunstâncias impossíveis.[29]

A cidade de Jerusalém estava debaixo de condições desesperadoras: insegurança pública, injustiça social, pobreza e extrema miséria e opróbrio. John Maxwell diz que durante os 120 anos que se seguiram depois dos muros terem sido derrubados pelos caldeus (2Cr 36.19), dezenas de milhares de habitantes de Jerusalém literalmente viram aquilo e não fizeram nada. O que o povo precisava era de um líder que os empurrasse, traçasse um plano de ação e os conduzisse por todo o processo de reconstrução.[30] Neemias foi capaz de

NEEMIAS – O líder que restaurou uma nação

enxergar o problema e a solução sem nunca ter estado em Jerusalém. Um líder tem a visão do farol alto. Ele enxerga sobre os ombros dos gigantes. O especialista em liderança John Maxwell corretamente afirma que um líder vê mais longe que os outros, vê mais do que os outros e vê antes dos outros.[31] O povo precisou apenas de 52 dias para reconstruir o muro da cidade que estava arruinado havia 120 anos. O segredo desse sucesso foi a visão e ação do líder.

Deus nos promete vitórias e não ausência de lutas. A oposição dos inimigos era contínua. O primeiro expediente dos inimigos foi tentar se unir ao povo para reconstruir a cidade (Ed 4.1-3). O segundo foi tentar desanimar o povo de fazer a obra (Ed 4.4,5). O terceiro foi escrever carta de acusação contra o povo ao rei medo-persa para desestabilizá-lo e assim, paralisar a obra (Ed 4.6,7).

O decreto do rei fez paralisar a obra de reconstrução da cidade (Ed 4.21,22). Parecia que a reconstrução do templo e da cidade eram coisas impossíveis. Era um sonho humanamente impossível de ser realizado. Já havia mais de setenta anos desde que o povo havia voltado do cativeiro e a cidade ainda estava debaixo de escombros.

O que fazer quando os nossos sonhos parecem impossíveis?

Uma preparação necessária (2.1)

Neemias nos ensina quatro lições importantes aqui:

Em primeiro lugar, *Neemias sente-se chamado por Deus para realizar o sonho da reconstrução de Jerusalém.* O conhecimento da situação do povo o responsabilizou. Ele teve coragem para fazer perguntas e daí surgiu sua vocação. Os desafios à nossa volta são trombetas de Deus a nos desafiar para grandes causas. Muitos líderes sentiram-se

Como realizar os sonhos humanamente impossíveis

vocacionados não ouvindo uma voz mística, mas abrindo os olhos para a realidade à sua volta. Quando os olhos são abertos, o coração é aquecido, os pés são acelerados, as mãos são acionadas e a obra é feita.

Em segundo lugar, *Neemias chora, ora e jejua durante quatro meses antes de começar a agir.* Antes de sermos usados por Deus, precisamos ser quebrantados. Antes de chorarmos pelas causas que afetam o povo, precisamos chorar pelos nossos próprios pecados e pelos pecados do povo. Antes de buscarmos os recursos da terra, precisamos buscar os recursos do céu. Neemias se humilha diante de Deus durante quatro meses (do mês de quisleu ao mês de nisã).

Em terceiro lugar, *Neemias compreende que a reconstrução passa pela decisão política do rei.* A soberania de Deus não anula a responsabilidade humana. O rei Artaxerxes já havia decretado a paralisação da reconstrução do templo (Ed 4.21). Motivar o rei a mudar sua política se constituía uma causa e um sonho humanamente impossíveis. No sistema político medo-persa, a lei era maior que o rei. O rei era subalterno à própria lei. Dario não pôde voltar atrás em sua sentença contra Daniel. O interdito assinado por ele era maior que ele. Só um milagre poderia reverter a decisão política de Artaxerxes. Contudo, os impossíveis dos homens são possíveis para Deus.

Em quarto lugar, *Neemias aguarda o tempo certo de agir.* Ele orou durante quatro meses. Intensificou sua oração no dia em que foi falar com o rei (1.11). Ele esperou um dia de festa, em que a rainha estava presente (2.6). É preciso ter sabedoria para saber a hora certa de agir. É preciso agir no tempo de Deus. Oração e prudência andam de mãos dadas.

Uma atitude certa diante dos homens (2.1-9)

Quatro atitudes de Neemias merecem destaque:

Em primeiro lugar, *Neemias demonstra uma tristeza incomum diante do rei* (2.1). Neemias era um homem alegre. Mas o problema do povo de Deus é o seu problema. Neemias, agora, está triste apesar, de sua prosperidade pessoal. Ele está triste, apesar de estar numa festa do rei. Neemias sente o fardo do povo sobre os ombros. Ele não camufla nem esconde seus sentimentos. Neemias não sente vergonha do seu povo. Ele está pronto a sacrificar sua estabilidade financeira, seu *status*, seu conforto, suas conquistas para reconstruir a cidade dos seus pais.

Em segundo lugar, *Neemias demonstra sua fidelidade ao rei* (2.3). Neemias ocupava uma posição de absoluta confiança. Ele era o copeiro do rei. A vida do rei estava na sua mão. Neemias reafirma sua fidelidade ao rei, dizendo: "Viva o rei para sempre!". Fidelidade é a marca dos homens usados por Deus. Pessoas infiéis não são confiáveis e jamais serão poderosamente usadas por Deus.

Em terceiro lugar, *Neemias demonstra tato na abordagem.* Esse fato é demonstrado por duas razões: Primeiro, ele tem habilidade para fazer perguntas (2.3). Ele responde ao rei com outra pergunta. Ele não tenta justificar sua tristeza. Não fica na defensiva. O rei poderia suspeitar de alguma trama e bani-lo ou mesmo matá-lo. Jesus usou com destreza invulgar a arte de fazer perguntas: 1) "Queres ser curado?" (Jo 5.6); 2) "Qual destes provou ser o próximo do homem caído nas mãos dos salteadores?" (Lc 10.36); 3) "Não tendes lido...?" (Mt 19.4,5). Segundo, Neemias não cita o nome da cidade de Jerusalém (2.3).[32] Antes, ele levanta uma questão altamente valorizada pelos persas: a memória dos ancestrais. Artaxerxes estava influenciado pelos inimigos

Como realizar os sonhos humanamente impossíveis

de Jerusalém que chamaram Jerusalém de cidade rebelde e malvada (Ed 4.12,13).

Em quarto lugar, *Neemias demonstra clareza em seus propósitos*. Há cinco coisas que ele precisa alcançar do rei. Seus alvos são bens claros, seus objetivos são específicos, seus propósitos bem delineados. O primeiro propósito de Neemias é que ele precisa que o rei mude sua política acerca de Jerusalém (2.5). O rei tinha dado uma ordem para paralisar a obra de reedificação da cidade. Neemias está agora pedindo ao rei para mudar sua decisão em relação à política acerca de Jerusalém. Neemias pede algo que altera um decreto do rei.

O segundo propósito é que ele precisa ser enviado pelo rei com a missão de reconstruir Jerusalém (2.5). Não há aqui qualquer ambição pessoal nesse pedido, mas um abnegado desejo de prosperidade do povo de Deus. Não há aqui qualquer vantagem pessoal, sede de lucro ou fama. Neemias usou sua própria fortuna pessoal para alimentar os pobres de Jerusalém (5.8-10). Neemias recebeu seu chamado de Deus, mas precisa ser enviado pelo rei. Ele demonstra grande humildade no seu pedido e valoriza a decisão do rei (2.5).

O terceiro propósito é que ele precisa de cartas de recomendação do rei (2.7). Fazer a obra de Deus exige planejamento, estratégia, prudência. Ele sabe que não basta sinceridade, desejo e entusiasmo. Haverá obstáculos no caminho que precisam ser superados. Ele antecipa soluções. Ele tem uma visão prospectiva e proativa.

O quarto propósito é que ele precisa de provisão para a obra (2.8). Neemias calculou toda a obra antes de lançar-se nesse projeto. Cada detalhe foi pensado. Não se faz a obra de Deus sem recursos. De onde virá o material para

NEEMIAS – O líder que restaurou uma nação

a reconstrução da cidade? Onde buscar recursos? Ele pede a quem pode atender. Precisamos ter coragem para pedir. Precisamos saber o que pedir, quando pedir, para que pedir.

O quinto propósito é que ele precisa de proteção para a viagem (2.9). Neemias não dispensou os oficiais do exército nem os cavaleiros. A proteção divina não anula a prudência humana. Precisamos confiar em Deus e manter a prudência e a cautela. O grande comandante Oliver Cronwell, que venceu os exércitos do rei Carlos I, na Inglaterra no século 17, ensinava os seus soldados a orar e manter a pólvora seca.

Uma atitude certa diante de Deus (2.4,8b)

Duas verdades axiais nos chamam a atenção na atitude de Neemias:

A primeira é que *Neemias buscou a direção de Deus antes de agir* (1.11; 2.4). Neemias orou por quatro meses. No dia em que foi falar com o rei, intensificou sua oração (1.11). Na hora que foi responder ao rei, tornou a orar (2.4). Neemias endereçou ao céu uma oração telegrama, breve, silente, eficaz. Orar é pedir que Deus faça aquilo que não podemos fazer. Precisamos nos preparar em oração antes de começarmos os nossos projetos. Precisamos nos quebrantar mais diante de Deus, antes de sermos usados por Deus.

A segunda é que *Neemias tributou a Deus o sucesso de sua causa* (2.8b). Neemias poderia ter se vangloriado ao ser atendido prontamente pelo rei, até mesmo além do seu pedido (2.9). Mas ele afirma que o seu sucesso ocorreu porque a boa mão do seu Deus estava com ele. A boa mão de Deus tem estado conosco sempre para nos dar proteção, direção e provisão. É de Deus que vem a nossa vitória. Devemos tributá-la a Ele e dar glória ao Seu nome!

Como realizar os sonhos humanamente impossíveis

Uma resistência inevitável dos inimigos (2.10)

Neemias fala sobre três coisas sobre os inimigos:

Em primeiro lugar, ele fala sobre *a identidade dos inimigos*. Sambalá e Tobias eram os mesmos que tentaram se unir ao povo, que tentaram desanimar o povo e acusaram o povo diante do rei. Os inimigos não desistem. Sambalá era o governador de Samaria e Tobias um membro nobre dos amonitas.[33] Era gente influente. Nossos inimigos muitas vezes nos intimidam pela força e pela influência.

Em segundo lugar, ele fala sobre *a atitude dos inimigos*. O sucesso da obra de Deus deixa o inimigo desgostoso e furioso. Quer manter o inimigo calmo? Fique parado, viva no meio dos escombros, deixe a obra de Deus paralisada. Os guerreiros de Deus sempre vão despertar o desgosto e a fúria dos inimigos.

Em terceiro lugar, ele fala *da motivação dos inimigos*. Os inimigos estavam aborrecidos por causa da reconstrução de Jerusalém. Eles estavam furiosos porque alguém se levantou para procurar o bem dos filhos de Israel. Os nossos inimigos não ficam sossegados quando alguém busca o nosso bem, quando alguém luta pela Igreja e se levanta para reconstruir a Casa de Deus. Onde o povo de Deus busca restauração, aí há a fúria do inimigo.

O sonho humanamente impossível da reconstrução de Jerusalém estava se tornando realidade. Deus levantou um homem. Uma grande obra pode começar quando um homem se levanta e se coloca nas mãos de Deus. Quando os pecados do povo de Deus pesarem também em nosso coração, nós veremos também a restauração da Igreja e a derrota dos nossos inimigos.

O sonho humanamente impossível torna-se realidade quando você se prepara em oração e jejum antes de agir.

O sonho humanamente impossível torna-se realidade quando você ora e age no tempo oportuno de Deus, com discernimento e sabedoria, com objetivos claros diante de Deus e dos homens.

Quais são os sonhos que lhe parecem impossíveis? Quer começar a orar, a chorar e jejuar por eles?

NOTAS DO CAPÍTULO 3

[29] MAXWELL, John C. *21 Minutos de poder na vida de um líder*, p. 282.

[30] Ibid., p. 72.

[31] Ibid., loc. cit.

[32] KIDNER, Derek. *Esdras e Neemias*, p. 87.

[33] KIDNER, Derek. *Esdras e Neemias*, p. 88.

Capítulo 4

Reforma, uma necessidade vital da Igreja
(Neemias 2.11-20)

UMA REFORMA TORNA-SE necessária quando falta ao povo segurança, justiça e dignidade.

Uma reforma torna-se imperativa quando os problemas se agigantam e parecem insolúveis. Havia escombros, pobreza, desânimo, decretos contrários e forte oposição.

Uma reforma torna-se urgente quando os crentes estão desanimados, enfraquecidos e desunidos; quando os inimigos parecem prevalecer contra a Igreja, intimidando-a e fazendo-a paralisar a obra; quando faltam líderes comprometidos com Deus que ousam desafiar e conduzir o povo a uma reação para restaurar a Igreja.

Contudo, por que uma reforma é tão urgente e necessária na vida da Igreja? Primeiro, para que a Igreja deixe de ser opróbrio. Segundo, para que saibamos que Deus está conosco. Terceiro, para que os inimigos tenham seus planos frustrados.

Dito isto, precisamos aprender sobre os princípios de uma verdadeira reforma na vida da Igreja.

A reforma da Igreja muitas vezes tem um pequeno começo

Duas verdades chamam a nossa atenção, nessa questão:

A primeira é que *não devemos desprezar o dia dos pequenos começos*. Quem poderia imaginar que a visita de Hanani e a entrevista de Neemias iriam desembocar nessa grande reforma da cidade de Jerusalém, havia noventa anos debaixo de escombros? Não subestime as coisas pequenas como uma visita, uma entrevista, uma carta, um sonho, um plano.

A segunda é que *Deus pode transformar as coisas pequenas em grandes realizações no seu Reino*. Muitos fatos marcantes na história da Igreja começaram de forma despretensiosa: 1) A missão no interior da China, que iniciou com Hudson Taylor e chegou a ter 800 missionários com 25 mil convertidos; 2) A Igreja Presbiteriana do Brasil começou com Ashbell Green Simonton, um jovem de 26 anos, que deixou sua pátria e veio para o Brasil em 1859; 3) A Igreja do Evangelho Pleno, em Yoido, Seul, começou num bairro pobre em 1958 e hoje tem mais de setecentos mil membros; 4) O clube santo em Oxford, na Inglaterra, no século 18, onde alguns jovens oravam por avivamento, foi o berço de um grande despertamento espiritual que salvou a Inglaterra dos horrores da revolução francesa.

A reforma da Igreja requer uma liderança espiritual vigorosa

Dois fatos são dignos de serem destacados:

Primeiro, *Neemias ocupava uma posição estratégica*. Ele era o homem de confiança do rei Artaxerxes, o mesmo que havia lavrado um decreto mandando paralisar a obra de reconstrução da cidade de Jerusalém (Ed 4.21). Deus prepara homens para ocasiões especiais. Ele preparou Moisés, Davi, Paulo, Agostinho, Lutero, Calvino, Wesley, Spurgeon, Billy Graham.

Segundo, *Neemias era inspirado por um intenso entusiasmo*. Sem paixão, ninguém faz nada significativo no Reino de Deus. O profeta Jeremias tentou abandonar o ministério, mas diz que isso foi como fogo em seu coração (Jr 20.9). Moisés pediu para Deus riscar o seu nome, caso não perdoasse o povo que liderava (Êx 32.32). O apóstolo Paulo disse: "Em nada considero a vida preciosa para mim mesmo, contanto que complete a minha carreira e o ministério que recebi do Senhor Jesus para testemunhar o evangelho da graça de Deus" (At 20.24).

Muitas pessoas viram o opróbrio de Jerusalém e conformaram-se com a situação. Neemias lamentou, chorou, orou e jejuou e se dispôs a fazer alguma coisa.

A reforma da Igreja precisa passar por uma avaliação profunda

Quatro verdades precisam ser destacadas:

Em primeiro lugar, *é preciso avaliar antes de agir* (2.11). Isso deu a Neemias a capacidade de olhar ao redor, à frente, para dentro e para cima. O líder segue a lei do carpinteiro: mede duas vezes e corta apenas uma.[34] A precipitação no agir pode pôr a perder grandes projetos. Entusiasmo não é sinônimo de precipitação. Neemias esperou a hora certa de falar com Artaxerxes e agora espera a hora certa de falar com o povo.

Em segundo lugar, *é preciso investigar antes de motivar* (2.12). Essa verdade estabelece-se por três razões: Primeira, o trabalho envolvia considerável perigo. Acurado conhecimento da situação abre portas para a mobilização. Segunda, o trabalho envolvia sacrifício pessoal. Neemias avaliou a gravidade do problema antes de começar a agir. Os dias utilizados em pesquisa, estudo, meditação não são dias perdidos. Terceira, o trabalho requeria grande coragem moral. Deus não nos chama para obras fáceis. Neemias trabalhou doze anos como governador de Jerusalém. Ele deu sua vida por aquela causa.

Em terceiro lugar, *é preciso exercer a disciplina do silêncio antes de falar* (2.12,16). A discrição é uma das marcas de um líder bem-sucedido. O silêncio, muitas vezes, é mais eloqüente do que as palavras. Devemos escolher a hora certa de falar acerca dos nossos sonhos e projetos. Assim nos mobilizamos com mais eficácia e nos precavemos com firmeza contra os inimigos.

Em quarto lugar, *é preciso diagnosticar a natureza dos problemas que atingem a Igreja* (2.17). Três eram os problemas mais gritantes que estavam afligindo a cidade de Jerusalém: Primeiro, a pobreza e a humilhação. Jerusalém estava assolada e debaixo de opróbrio. Segundo, a injustiça social. As portas estavam queimadas. Os juízes julgavam as cidades em suas portas. Portas queimadas denunciavam um poder judiciário falido e apontavam para uma cidade onde não havia quem julgasse segundo a lei. A justiça estava ausente, pois o poder judiciário estava sem ação. Terceiro, a insegurança pública. Os muros estavam quebrados. A cidade estava fragilizada e vulnerável ao ataque dos inimigos.

A reforma da Igreja precisa de mútua cooperação (2.17b,18)

Quatro verdades são dignas de destaque aqui:

Em primeiro lugar, *o motivo do apelo por ajuda – o patriotismo* (2.17b). Neemias mexe com o brio do povo. Ele move o povo ao sentimento do patriotismo. Ele abre seus olhos para a realidade em que viviam. Neemias mostra que não podemos nos conformar com o caos, com a crise, com o opróbrio. Mas Neemias também chama o povo para trabalhar. Jamais a reforma teria sido feita se o povo não se envolvesse. Cada um precisa fazer sua parte. Não adianta culpar os outros e apenas ver o que eles precisam fazer. John Maxwell diz que os líderes não apenas sabem aonde estão indo; eles também levam pessoas com eles.[35]

Em segundo lugar, *a natureza do apelo por ajuda – o esforço pessoal* (2.17b). Neemias mostrou o exemplo pessoal. Ele não disse "vá e construa", mas "vinde e construamos!" O líder precisa estar na frente. Neemias não tem interesses pessoais. Ele deixou seu posto, sacrificou-se. Só gente abnegada pode liderar um povo a se levantar e agir. De igual modo, Neemias também mostrou a força da unidade. A união nos protege contra o desencorajamento. A união nos ajuda a enfrentar uma oposição hostil e combinada.

Em terceiro lugar, *o encorajamento para apelo por ajuda – a mão de Deus e as palavras do rei* (2.18). Neemias mostra a ajuda do céu. Deus está nesse negócio. Ele é o maior interessado na restauração da Sua Igreja. O maior encorajamento para fazer a obra de Deus está no próprio Deus. Neemias mostra também a ajuda da terra. O mesmo rei que mandou paralisar a obra, agora envia Neemias para fazer a obra, patrocina a viagem de Neemias e lhe dá os recursos.

Em quarto lugar, *o sucesso do apelo por ajuda – a resposta do povo* (2.18). A resposta do povo foi pronta, prática e unânime. John Maxwell destaca sete princípios usados por Neemias para lidar com o povo: simplificação, participação, delegação, motivação, preparação, cooperação e comemoração. E acrescenta: "Nenhuma grande tarefa é realizada sem que haja pessoas para concretizá-la e um líder para conduzi-la".[36]

A reforma da Igreja sempre provoca forte oposição (2.19)

Quatro fatos serão aqui destacados:

Em primeiro lugar, *Neemias enfrenta os problemas internos* (2.13,14). Logo que Neemias chegou a Jerusalém, teve uma constatação dramática: a cidade estava arrasada. Os escombros fechavam os caminhos. Havia mais de noventa anos que a cidade estava debaixo de opróbrio. Parecia ser uma causa perdida. As coisas pareciam imutáveis. Mexer em algo tão sedimentado dava medo. Alguns pensavam: "É melhor deixar as coisas como estão. É melhor não revirar essas pedras. Vai levantar muita poeira. Vai trazer muita coisa à memória. Nós não vamos dar conta. Nossos inimigos vão escarnecer de nós".

Em segundo lugar, *Neemias enfrenta os problemas externos, ou seja, os inimigos combinados* (2.19). Sambalá era o governador de Samaria. Tobias era um homem da nobreza dos amonitas (2.10). Agora surge outro inimigo, Gesém, o arábio. Esse homem, segundo descobertas arqueológicas, era rei de Quedar. Esses três inimigos cercavam Jerusalém por quase todos os lados. Uma guerra de nervos estava começando. Os inimigos sempre vão se unir contra nós quando nos levantarmos para fazer a obra de Deus.

Em terceiro lugar, *Neemias enfrenta as armas perigosas dos inimigos* (2.19). Três foram as principais armas usadas

Reforma, uma necessidade vital da Igreja

pelos inimigos: A primeira foi a zombaria. Os inimigos fazem motejo e zombaria. Eles chamaram os judeus de fracos. Disseram que se uma raposa passasse pelo muro, ele cairia. A segunda arma usada pelos inimigos foi o desprezo. Eles humilharam os judeus. Não queriam o seu bem. Eles se desgostaram quando Neemias buscou o bem do povo e a restauração da cidade. A restauração de Jerusalém não interessa a todas as pessoas. Há quem lucra com os escombros. A terceira arma foi a acusação. Acusaram Neemias de estar fazendo uma rebelião e não uma reforma. Os inimigos sempre vão torcer nossas motivações. Eles pensam que somos como eles.

Em quarto lugar, *Neemias rejeita qualquer associação com os inimigos* (2.20b). Os inimigos usaram diversas estratégias para paralisar a obra. Tentaram se unir algumas vezes, outras vezes tentaram desprezar, outras se infiltrar, outras acusar, outras matar. Um líder precisa de discernimento espiritual (At 20.29,30). Enquanto a Igreja dorme, o inimigo semeia o joio no seu meio. Mais tarde o povo abaixou a guarda e Tobias acabou se mudando para dentro da Casa de Deus (13.8). Neemias tem coragem para dizer aos inimigos que sua força está em Deus e que eles estão excluídos dos privilégios da igreja e do trabalho da igreja.

A reforma da Igreja necessita da bênção divina e do trabalho do homem (2.20)

A soberania de Deus e a responsabilidade humana sempre caminham de mãos dadas. Deus é soberano, mas o homem é responsável. Vejamos, aqui, duas verdades fundamentais:

Em primeiro lugar, *a bênção divina é a base para a restauração da igreja* (2.20). Sem a ajuda de Deus, o nosso trabalho é vão. "Se o Senhor não edificar a cidade, em vão trabalham os que a edificam" (Sl 127.1). A reforma da igreja é feita não por força nem por violência, mas pelo Espírito de Deus (Zc 6.4). Jesus disse: "Sem mim, nada podeis fazer" (Jo 15.5). Paulo pergunta: "Se Deus é por nós, quem será contra nós?" (Rm 8.31). "Maior é aquele que está em nós do que aquele que está no mundo."

A confiança em Deus é o maior incentivo à obra. Isso sugere poderosa proteção. "O Deus dos céus..." (2.20). Isso sugere também providencial vitória: "[...] é quem nos dará bom êxito" (2.20). Quem confia em Deus não teme os adversários.

Em segundo lugar, *a soberania de Deus não anula a responsabilidade humana* (2.20b). A vitória vem de Deus, mas nós precisamos empunhar as ferramentas de trabalho e as armas de combate. É preciso se dispor e reedificar.

Concluindo, precisamos tirar desse texto estudado algumas lições práticas. Avalie antes de agir; investigue antes de motivar; silencie antes de falar; dê seu exemplo antes de conclamar os outros; mexa com o coração das pessoas antes de mover suas mãos; dependa de Deus, resista aos inimigos, coloque a mão na obra e a reforma acontecerá.

NOTAS DO CAPÍTULO 4

[34] MAXWELL, John C. *21 minutos de poder na vida de um líder*, p. 77.

[35] MAXWELL, John C. *21 minutos de poder na vida de um líder*, p. 80.

[36] MAXWELL, John C. *21 minutos de poder na vida de um líder*, p. 80-82.

Capítulo 5

Princípios para o sucesso
(Neemias 3.1-32)

NEEMIAS 3 É UM DOS textos mais fantásticos da Bíblia. Ele tem muitos princípios sobre liderança e aponta vários caminhos para o sucesso.

Esse texto fala da estratégia usada na construção do muro de Jerusalém. Havia oito portas, duas de cada lado. Havia 38 grupos de trabalho que deviam constituir um exército comandado por Neemias (4.20). Neemias mobiliza o povo para o trabalho e torna-se o pai do chamado *mutirão*.[37] John Maxwell diz que o trabalho em equipe faz o sonho se realizar.[38] Jack Welch diz que os líderes se empenham para que as pessoas não só compreendam a visão, mas também para que a vivenciem e a respirem.[39] Bill

NEEMIAS – O líder que restaurou uma nação

Hybels diz que a visão é a mais poderosa arma do líder[40] e diz ainda que ela é uma imagem do futuro que produz paixão.[41] Em 1774, John Adams anunciou sua visão de uma nova nação; uma união de treze Estados, independentes do parlamento e do rei da Inglaterra. Essa visão foi o útero de onde nasceram os Estados Unidos da América. Em 1789, William Wilberforce posicionou-se perante o parlamento inglês contra a escravatura. Em 1833, quatro dias antes da sua morte, o parlamento aprovou um projeto de lei abolindo completamente a escravidão na Inglaterra. Na década de 1940, um jovem evangelista chamado Billy Graham teve o sonho de pregar para multidões em estádios lotados. Desde aquele ano, 210 milhões de pessoas ouviram Billy Graham pregar ao vivo, enquanto mais de um bilhão já o ouviu pela televisão e pelo rádio.[42]

Esse capítulo pode ser dividido em três partes distintas, segundo o irmão André: 1) A expressão *junto a ele* (3.1-15); 2) a expressão *depois dele* (3.16-31); 3) a expressão *entre* (3.32). Deus usou várias pessoas diferentes, de profissões diferentes, de graus culturais diferentes para construir o muro. Todos deviam estar juntos trabalhando. Todos precisavam uns dos outros, e eles sabiam disso.[43]

Vemos aqui unidades familiares; pessoas segundo suas cidades; suas perícias – ourives, perfumistas (3.8); suas profissões – os mercadores (3.31,32) e suas vocações – os sacerdotes (3.1,21,22,28); os levitas (3.17,18), os servos do templo (3.26); os maiorais dos distritos (3.9,12,15-17). Certo homem mobilizou até mesmo suas filhas (3.12). Há uma única nota discordante (3.5).[44]

Cyril J. Barber diz que quando enfrentamos essa longa lista de nomes e lugares, somos tentados a pular essas páginas,

Princípios para o sucesso

mas aqui vemos quatro princípios do sucesso de Neemias: coordenação, cooperação, aprovação e comunicação.[45]

O primeiro princípio do sucesso é a coordenação

Neemias nos ensina cinco atitudes fundamentais se quisermos adotar esse princípio da coordenação:

Em primeiro lugar, *fique inconformado com o caos antes de trazer à tona o cosmos.* Uma grande obra só pode ser planejada por uma grande mente. Muitos viram a desolação da cidade, alguns choraram sobre ela, mas somente Neemias a reconstruiu. Não basta apenas lamentar o caos em que se encontra a sociedade. É preciso conceber sua restauração como o alvo supremo da nossa vida.

Em segundo lugar, *coloque as pessoas certas no lugar certo* (3.2-15). Esse princípio é percebido pelas expressões "junto a ele" e "ao seu lado" (3.2-15). Como dissemos, o líder tem a visão do farol alto. Ele vê sobre os ombros dos gigantes. Ele tem uma visão global e compreende como ajudar os outros a encontrar sua utilidade nesse contexto.[46] O segredo do sucesso é nomear as pessoas certas para os lugares certos. Neemias sabia onde cada pessoa devia estar, onde devia trabalhar e o que devia fazer. Ele designou os homens de Tecoa, Gibeom, Jericó e Mispa para as partes do muro em que não havia residentes por perto. Alguns tinham a responsabilidade de reconstruir os muros desde o alicerce, enquanto outros tiveram apenas de fazer reparos. Cada um sabia o que se esperava de sua tarefa. Em todo trabalho, houve coordenação.[47] O trabalho em equipe é um dos segredos do sucesso.

Em terceiro lugar, *trabalhe em harmonia com os demais*. As expressões "junto a ele", "ao seu lado", "junto dele", "depois dele" mostram que todos trabalhavam em harmonia. Não havia disputas, ciúmes, brigas ou melindres. Cada um deve estar contente com a sua tarefa. Todos devem trabalhar para o mesmo propósito: a reconstrução da cidade. Não existe ninguém buscando glória pessoal. Os membros da equipe completam-se uns aos outros – jamais competem uns com os outros.[48] Tudo na vida gira em torno de relacionamentos. James Hunter diz que a chave para a liderança é executar as tarefas enquanto se constroem relacionamentos. Diz ainda que se nos concentrarmos em tarefas e não em relacionamentos, podemos ter transferências, má qualidade de trabalho, baixo compromisso, baixa confiança e outros sintomas indesejáveis.[49]

Em quarto lugar, *aproveite as facilidades* (3.23,28-30). As expressões "defronte da sua casa e defronte da sua morada", revelam que Neemias otimizava os recursos humanos. Não tinha gente viajando de um lado para o outro de Jerusalém. Os únicos viajantes eram os que moravam fora da cidade (4.12). Isso seria perda de tempo e de eficiência. Também teria tornado difícil a alimentação dos trabalhadores. Em caso de ataque, a preocupação de cada homem seria com sua própria família. Se sua família estivesse do outro lado de Jerusalém, ele não teria como defendê-la. Aconteceram muitas tentativas dos inimigos de paralisarem a obra. Fazendo que cada homem trabalhasse perto da sua casa, Neemias facilitou o acesso ao trabalho, a alimentação e a segurança. Isso aliviava os trabalhadores de ansiedades desnecessárias e os encorajava a fazer o máximo.

Em quinto lugar, *trabalhe em equipe.* O segredo do sucesso na obra é o trabalho em equipe. Se o todo prospera, também o individual prospera. Sem trabalho coordenado, reina o caos. Esse princípio de trabalho em equipe funciona na indústria, nas igrejas, nos hospitais, no lar, na escola ou em qualquer outro lugar. John Maxwell diz que não há limites para o sucesso quando não limitamos as pessoas.[50]

O segundo princípio do sucesso é a cooperação

Neemias, como um exímio administrador, conhecia bem a arte de motivar e mobilizar as pessoas. O verdadeiro líder é aquele que motiva as pessoas a abraçar o seu projeto. Vejamos cinco princípios importantes aqui:

Em primeiro lugar, *não deixe ninguém de fora*. Homens de lugares diferentes e de diferentes ocupações trabalharam juntos no muro. Isso incluía sacerdotes, levitas, chefes e pessoas comuns, porteiros e guardas, fazendeiros, ourives, farmacêuticos, mercadores, empregados do templo e mulheres. O líder é aquele que vê o potencial de cada pessoa e a encoraja a acreditar em si mesma. O líder que delega poder leva as pessoas a níveis mais altos, diz John Maxwell.[51]

Em segundo lugar, *os líderes precisam dar exemplo*. Os homens de posições elevadas estão fazendo uma obra bruta, simples, porém, vital. Pobres e ricos, doutores e analfabetos estão lado a lado trabalhando na obra. Um colega pastor me disse que em sua igreja, um médico de grande projeção na cidade, depois de um profundo conflito existencial, lutando contra sua própria altivez, entregou sua vida a Cristo. Só então compreendeu sua limitação diante do Deus onipotente. Esse médico deixou de lado sua vaidade e trabalhou por alguns meses na limpeza dos banheiros da igreja. Hoje é um reconhecido líder da igreja.

O sumo sacerdote foi o primeiro da lista a abraçar a obra (3.1). Sua posição de liderança não o isentou do trabalho, mas o fez exemplo para os demais. O líder precisa estar na

NEEMIAS – O líder que restaurou uma nação

frente. Ele não pode querer que os outros abracem a obra se ele não está na frente. Privilégio e responsabilidade andam juntos. O líder é aquele que se identifica com o povo, é exemplo para o povo e trabalha com o povo.

Os sacerdotes, de igual forma, lançaram mão à obra (3.22,28). Eles não apenas trabalharam na obra, mas fizeram mais do que se esperava deles.

Os ourives também se envolveram com a obra (3.8,31). Eles também poderiam ter se desculpado, dizendo: "Nós temos as mãos finas, só trabalhamos com coisas delicadas". Mas eles pegaram em pedra bruta e assentaram tijolos.

Os regentes de dois distritos, semelhantemente, se dispuseram a trabalhar (3.9,12,14,15,16). Eles deixaram seus aposentos de conforto para trabalhar ombro a ombro com as classes operárias. Trabalharam sem rivalidades ou ressentimentos.

Em terceiro lugar, *as mulheres não podem ficar de fora* (3.12). Essas jovens demonstraram que não tinham medo de fazer o trabalho normalmente dado apenas aos homens. A Bíblia é rica em exemplos de mulheres que influenciaram a História: Miriam, Débora, Ester, Maria. A História nos fala de mulheres que influenciaram o mundo: Mônica, Suzana Wesley.

Em quarto lugar, *envolva também pessoas de fora* (3.5, 7,13). Havia também homens de Jericó, Tecoa, Gibeom e Mispa, Zanoa e Bete-Haquerém, Bete-Zur e Zelá. Tinham pouco a lucrar com a fortificação de Jerusalém e poderiam ter facilmente permitido que suas próprias preocupações os distraíssem de participar de tarefa sem lucros pessoais.

Em quinto lugar, *não espere por unanimidade* (3.5). A elite de Tecoa, a cidade natal do profeta Amós, não quis sustentar o trabalho em Jerusalém e recusou-se a participar

Princípios para o sucesso

da reconstrução do muro. Neemias não permitiu que a rejeição dessas pessoas tirasse seu entusiasmo e otimismo. Ele trabalhou com quem estava disposto a trabalhar. Não podemos permitir que a omissão ou a ausência de alguns nos tirem a alegria da presença de outros, nem podemos permitir que o desestímulo de alguns desvie os nossos olhos do alvo que é a reconstrução da cidade. Devemos nos alegrar mais com aqueles que estão conosco do que nos entristecermos com aqueles que estão de braços cruzados.

O terceiro princípio do sucesso é a aprovação

A inteligência emocional é mais importante do que o conhecimento. Muitas pessoas têm uma cabeça cheia, mas um coração vazio; sabem lidar com livros, mas não com pessoas. Neemias nos ensina alguns importantes princípios se quisermos ter sucesso na liderança.

Em primeiro lugar, *trate as pessoas pelo nome*. Se quisermos motivar as pessoas, precisamos conhecê-las, valorizá-las e dar a elas um tratamento pessoal. Hoje vivemos o tempo da despersonalização, em que você é conhecido por um número ou pelo cartão de crédito. Mas você não é apenas um número de estatística. Você tem valor. Sua contribuição é muito importante. Se quisermos êxito no trabalho, precisamos nos interessar particularmente pelas pessoas que trabalham conosco. Neemias sabia o nome dos seus cooperadores, o que deviam fazer, onde deviam trabalhar. Neemias os tratou como pessoas e não como objetos. Os nossos liderados são como clientes: se nós não os tratarmos bem, alguém o fará.[52]

Em segundo lugar, *procure sempre motivar os seus trabalhadores*. Neemias buscava sempre o interesse dos trabalhadores: trabalho proporcional, trabalho com a família, trabalho perto de casa. Neemias era um encorajador. Ele sempre motivava seus trabalhadores e oferecia a eles segurança (2.17,18; 4.6,13,14,19,20). Uma pessoa motivada e alegre produz muito mais.

Em terceiro lugar, *leve as pessoas a transcenderem* (3.5,27). Os líderes dos tecoítas eram contra o que Neemias estava fazendo. Mas os tecoítas foram inspirados pelo exemplo de Neemias e trabalharam diligentemente e fizeram mais do que se esperava deles.

Em quarto lugar, *saiba apreciar as grandes e as pequenas coisas* (3.13,14). Os moradores de Zanoa repararam uma porta e mais 500 metros de muro. Porém, Malquias edificou e assentou apenas uma porta. Eles trabalham lado a lado, mas Neemias prestigia a ambos. Não permitiu que o tamanho da realização de uma pessoa fizesse que não percebesse os esforços de outra.[53]

O quarto princípio do sucesso é a comunicação

David Hocking diz que a liderança que não se importa com a comunicação produz, para si, prejuízo.[54] Duas coisas nos chamam a atenção na atitude de Neemias:

Em primeiro lugar, *dê instruções claras.* O segredo do sucesso de Neemias foi motivar as pessoas na hora certa, nomear as pessoas certas para os lugares certos, para fazer a coisa certa, com as instruções certas. Cada pessoa, família ou grupo sabia exatamente o que fazer e onde fazer. A instrução foi clara.

Neemias usou 38 grupos diferentes e se comunicou com todos eles, dando instruções precisas de como fazer a obra. Ele dividiu o trabalho em partes e nomeou cada pessoa para fazer uma parte específica. Se quisermos ver a reconstrução da Igreja precisamos que todos coloquem a mão na obra.

Princípios para o sucesso

Em segundo lugar, *delegue autoridade a outros*. Cada pessoa foi capaz de assumir responsabilidade por sua parte no muro. Grupos de obreiros tinham chefes de seção. Hanum chefiava os moradores de Zanoa e Reum chefiava os levitas (3.13,17).

Concluindo, podemos afirmar que o sucesso global foi atestado pelo êxito de cada um. As palavras *edificou* e *reparou* estão no tempo pretérito perfeito. Cada um terminou aquilo que começou. Muitos começam, mas não terminam. Muitos começam, mas quando vêem os escombros, os perigos, o ataque dos inimigos, desistem. Contudo, sob a liderança de Neemias, todos começaram e terminaram a obra (6.15).

De igual forma, a vitória de todos é resultado do esforço de cada um. Eles todos eram voluntários. Eles trabalharam com empenho, com ânimo, com sucesso. Em 52 dias, os muros foram levantados (6.15). A cidade deixou de ser opróbrio, e o que parecia ser impossível, tornou-se realidade quando todos deram as mãos para fazer a obra. O capital da Igreja é fé e trabalho. Quando o povo de Deus crê e trabalha, o impossível pode acontecer.

Notas do capítulo 5

[37] MESQUITA, Antonio Neves de. *Estudo nos livros de Crônicas, Esdras, Neemias e Ester.* 1974, p. 263.

[38] MAXWELL, John C. *21 minutos de poder na vida de um líder*, p. 201.

[39] WELCH, Jack. *Paixão por vencer.* Rio de Janeiro: Campus, 2005, p. 61.

[40] HYBES, Bill. *Liderança corajosa*, p. 29.

[41] Ibid., p. 31.

[42] HYBES, Bill. *Liderança corajosa*, p. 29,30.

[43] Irmão André. *Edificando um mundo em ruínas*, p. 119-120.

[44] KIDNER, Derek. *Esdras e Neemias*, p. 93.

[45] BARBER, Cyril J. *Neemias e a dinâmica da liderança eficaz*, p. 43-51.

[46] HYBES, Bill. Op. cit., p. 25.

[47] BARBER, Cyril J. *Neemias e a dinâmica da liderança eficaz*, p. 44.

[48] MAXWELL, John C. *21 minutos de poder na vida de um líder*, p. 212.

[49] HUNTER, James C. *O monge e o executivo.* Rio de Janeiro: Sextante, 2004, p. 34.

[50] MAXWELL, John C. *21 minutos de poder na vida de um líder*, p. 221.

[51] Ibid., p. 224.

[52] HUNTER, James C. *O monge e o executivo*, p. 35.

[53] BARBER, Cyril J. *Neemias e a dinâmica da liderança eficaz*, p. 48.

[54] HOCKING, David. *As sete leis da liderança cristã.* São Paulo: Abba Press, 1993, p. 51.

Capítulo 6

Fazendo a obra de Deus debaixo da oposição
(Neemias 4.1-23)

No capítulo 3 de Neemias, estudamos os passos para o sucesso na obra de Deus: coordenação, cooperação, aprovação e comunicação. Agora, no capítulo 4, vamos estudar a oposição dos inimigos à obra realizada. Logo que a construção começou, a oposição se levantou.[55]

O capítulo 4 de Neemias é um resumo do que aconteceu durante os 52 dias de construção dos muros de Jerusalém. Sempre que o povo de Deus se levanta para fazer a Sua obra, isso incomoda o inimigo.

Este texto nos mostra que a vida cristã é uma guerra contínua. Vejamos quão variados foram os métodos do inimigo para tentar paralisar a obra e como Neemias reagiu a cada investida.

Como enfrentar a fúria e o desdém do inimigo (4.1-6)

A vida cristã é uma batalha sem trégua. É impossível fazer a obra de Deus sem oposição. Neemias nos ensina alguns princípios importantes aqui:

Em primeiro lugar, *os inimigos se unem para paralisar a obra de Deus*. Já vimos como Sambalá (norte), Tobias (leste) e Gesém (2.19) estavam engajados na oposição à obra de Deus. Agora somos informados que os arábios (sul), os amonitas e os asdoditas (4.7) estão se unindo a eles para se oporem ao povo de Deus. Há uma orquestração contra o povo de Deus. Sempre que a Igreja de Deus se levanta para fazer a obra de Deus, o inferno se agita, o mundo se levanta e há uma conspiração contra ela de todas as forças aliadas.

Em segundo lugar, *os inimigos estão cheios de ira por causa do progresso da obra de Deus*. A restauração de Jerusalém provoca a ira dos adversários (4.1). Sambalá, o líder opositor, mobiliza seu exército e procura incitar o povo contra os judeus (4.2). Esses inimigos não querem a restauração do povo de Deus. Enquanto Jerusalém estava debaixo de opróbrio, eles estavam calmos, mas bastou a disposição para a reforma e eles se agitaram e se levantaram com grandes insultos. Em termos claros: "uma Jerusalém poderosa significa uma Samaria em depressão".[56]

Em terceiro lugar, *os inimigos escarnecem do povo de Deus para achatar-lhe a auto-imagem*. O inimigo empregou as técnicas do demagogo. Ele usa a arma do escárnio (4.1). O inimigo tentou diminuir a auto-estima do povo de Deus, chamando-o de fraco (4.2). O inimigo fez chacota do povo de Deus, ridicularizando o valor e a consistência do seu trabalho (4.3).

Em quarto lugar, *a resposta à ira e ao escárnio do inimigo é oração e ânimo para trabalhar*. A primeira coisa que Neemias

Fazendo a obra de Deus debaixo da oposição

faz é uma oração imprecatória (4.4,5). Neemias nos ensina que a oração é a coisa mais prática que podemos fazer na crise, mas também que ela não é um substituto da ação. Neemias faz uma oração imprecatória por duas razões: Primeiro, porque os inimigos estavam provocando a própria ira de Deus. O erudito C. F. Keil disse que eles desafiaram abertamente a ira de Deus, desprezando-O perante os construtores.[57] Segundo, porque os inimigos estavam desprezando o próprio povo de Deus. A oração nos capacita a dar vazão ao que sentimos e nos capacita a olhar o problema da perspectiva de Deus. Quando oramos, nossa ira e nossos ressentimentos se dissipam. A oração é parte imprescindível da sanidade mental, diz Cyril Barber.[58] É conhecida a expressão do ilustre médico Alex Carrel: "Já vi homens, depois que toda a terapia falhou, tirados da doença e da depressão pelo esforço sereno da oração".

A segunda coisa que Neemias faz depois de orar é recobrar ânimo para trabalhar (4.6). Não fomos chamados para contar os inimigos nem temê-los. Fomos chamados para fazer a obra de Deus apesar da oposição. Concentremo-nos em Deus e na Sua obra e não teremos tempo para sermos distraídos pelo inimigo.

Como enfrentar a orquestração do inimigo (4.7-9)

Os inimigos confederados aumentaram a pressão e usaram duas estratégias diferentes para atacar o povo de Deus: A primeira delas foi a confusão (4.8). A confusão é tão perigosa quanto a violência do inimigo. O inimigo tenta infiltrar-se para intimidar e desestabilizar o povo. Seu objetivo é paralisar a obra. A confusão visava a distrair o povo e tirar os seus olhos do foco.

A segunda estratégia foi o ataque (4.8). Os adversários do povo de Deus se uniram para atacar Jerusalém. Eles queriam pegar a cidade de surpresa. Eles planejavam fazer um ataque relâmpago. Eles queriam não apenas causar confusão, mas matar os judeus (4.11), obtendo, assim, o seu verdadeiro objetivo: paralisar a obra (4.11).

Como Neemias enfrentou a pressão e o ataque dos inimigos? A primeira arma que Neemias usou foi a oração (4.9). Neemias era um homem prático, um administrador por excelência. Ele tinha a capacidade de fazer as perguntas certas, de contatar as pessoas certas, de mobilizar essas pessoas, levantar seu ânimo e desafiá-las para uma grande obra. Mas Neemias sabia que o sucesso da obra de Deus depende também e sobretudo de oração. Esse grande líder sabe que fé (oração) e obras (puseram guarda) andam juntas. A oração não é um substituto da ação.[59] Não podemos enfrentar os inimigos sem o socorro de Deus, sem a ajuda do céu.

A segunda arma que Neemias usou contra os inimigos foi a vigilância constante (4.9). Não basta orar, é preciso vigiar. Precisamos manter os olhos abertos. É preciso existir estreita conexão entre o céu e a terra, confiança e boa organização, fé e obras. Precisamos estar atentos aos ardis, laços e ciladas do inimigo. Precisamos vigiar sempre, de dia e de noite. Muitos caem porque deixam de vigiar. Sansão caiu não diante de um exército, mas no colo de uma mulher. Davi não perdeu a mais importante batalha da sua vida no campo de guerra, mas na cama do adultério. O apóstolo Pedro, porque não vigiou, dormiu; porque dormiu na hora que devia orar, negou o seu Senhor.

Como enfrentar a sutileza do inimigo (4.10-15)

Os nossos inimigos estão sempre procurando uma brecha para nos atingir e assim paralisar a obra de Deus.

Fazendo a obra de Deus debaixo da oposição

Eles usaram três expedientes para impedir o avanço da obra de Deus:

Em primeiro lugar, *o inimigo tentou paralisar a obra provocando desânimo interno* (4.10). Os problemas internos são mais perigosos do que os problemas externos. Os carregadores estão sem forças, os escombros são muitos e a conclusão óbvia é: "Não podemos edificar o muro". Eles sentiram que não tinham capacidade para concluir a obra. Muitas vezes, o nosso maior problema somos nós mesmos. O maior obstáculo da obra são os obreiros, dizia Dwight Moody. Um povo desanimado sempre olha para as circunstâncias em vez de olhar para o Senhor; escuta mais a voz do inimigo do que a voz de Deus.

Em segundo lugar, *o inimigo tentou paralisar a obra espalhando boatos a...* (4.12). Aqueles que moravam fora de Jerusalém, próximos desses inimigos, traziam comentários assustadores e os espalhavam no meio do povo: "De todos os lugares onde moram, subirão contra nós". "Estamos completamente cercados, não temos a mínima chance", diziam. O boato visa a destruir o espírito de coragem e cooperação.[60] Boatos são setas do inimigo. Onde prospera a boataria, os obreiros de Deus ficam alarmados e a obra de Deus paralisa. Os boatos sempre superdimensionam os problemas. Parecia uma invasão avassaladora, irresistível. O povo estava guardando os muros, mas não estava guardando seus ouvidos do que os inimigos diziam.[61]

Neemias enfrenta esse problema do desânimo de três formas diferentes: 1) Repreende os judeus: "Não os temais." 2) Anima os judeus: "Lembrai-vos do Senhor." 3) Dá uma motivação aos judeus: "Pelejai pelas vossas famílias."

Em terceiro lugar, *o inimigo tenta paralisar a obra destruindo o povo de Deus* (4.11). A Bíblia diz que a nossa luta não é contra carne e sangue. O nosso inimigo é ladrão e assassino. Ele veio roubar, matar e destruir. Ele tem arruinado muitas vidas, destruído muitos lares, debilitado muitas igrejas, paralisado em muitos lugares a obra de Deus.

Como Neemias reagiu a esses ataques do inimigo? Quais são as armas de combate à sutileza do inimigo? Neemias nos ensina cinco princípios:

Em primeiro lugar, *cada um deve defender sua própria família* (4.13,14b). Um líder precisa saber como repreender, encorajar e motivar os outros. Não podemos ter uma igreja forte se não protegermos nossa própria família das investidas do inimigo. Neemias era sábio o suficiente para saber que cada um devia defender prioritariamente sua própria família. Neemias exorta: "[...] pelejai pelos vossos irmãos, vossos filhos, vossas filhas, vossa mulher e vossa casa".

Em segundo lugar, *precisamos empunhar as armas de defesa e combate* (4.13). Não podemos enfrentar os inimigos sem usarmos nossas armas de defesa e combate. Cada obreiro é um soldado. Estamos em guerra. Nessa batalha espiritual enfrentamos inimigos invisíveis e tenebrosos. Nessa batalha não há trégua nem pausa. Nossos adversários não descansam, não tiram férias nem dormem. Eles vivem nos espreitando e buscando uma oportunidade para nos atacar. Precisamos vigiar e empunhar as armas.

Em terceiro lugar, *precisamos ter uma liderança firme e exemplar* (4.14). Neemias não abandona o povo na hora da pressão. Ele inspeciona a obra. Ele toma a frente. Ele desafia os líderes. Ele dá exemplo. A liderança ocupa uma posição de absoluta importância na hora do combate. Uma liderança fraca, medrosa, vacilante e sem vida não transmite segurança para o povo na hora da crise. Só líderes fortes e incorruptos podem conduzir o povo a grandes vitórias.

Em quarto lugar, *precisamos colocar os olhos em Deus e não no inimigo* (4.14). O ponto básico do desafio de Neemias é: "Lembrai-vos do Senhor". Observe o que Deus já fez. Olhe para a sua fidelidade no passado. Veja os livramentos que Ele já deu ao Seu povo. Não será diferente agora. Temos de ter muito cuidado com a festa da vitória. Nunca somos tão vulneráveis quanto depois de uma grande vitória. A tendência depois de uma consagradora vitória é ensarilhar as armas. Elias, depois de retumbante vitória no Monte Carmelo sobre os profetas de Baal, tirou os olhos de Deus e fugiu amedrontado diante das ameaças insolentes de Jezabel. O segredo da vitória contínua é mantermos continuamente nossos olhos em Deus em vez de colocá-los nas circunstâncias ou nas pessoas.

Em quinto lugar, *precisamos redirecionar o foco do nosso temor* (4.14). Em vez de temer o inimigo, devemos nos voltar para o nosso Senhor, grande e temível. Quem teme a Deus, não teme aos homens. Quando colocamos os nossos olhos em Deus, Ele frustra os desígnios do nosso inimigo. Muitos líderes naufragam porque em vez de temer a Deus, temem os homens; em vez de agradar a Deus, tentam agradar os homens; em vez de servir a Deus, tentam bajular os homens.

Como levar a obra de Deus adiante, apesar da oposição do inimigo (4.15-23)

Neemias nos ensina sete princípios importantes aqui:

Em primeiro lugar, *volte à obra de Deus e faça a sua parte* (4.15). O nosso Deus frustra os propósitos do inimigo, mas nós precisamos voltar a fazer Sua obra, pois esse trabalho é nosso. Os anjos não podem fazê-lo. Ninguém pode ficar no seu lugar. Volte ao muro, volte à obra, volte a envolver-se com o projeto de Deus. Não ensarilhe as armas, não fuja da sua linha de combate, não se intimide com as bravatas do adversário. Você está envolvido num projeto de conseqüências eternas. Você é um cooperador de Deus, um soldado do exército do Altíssimo, um portento da graça.

Em segundo lugar, *mantenha as mãos ocupadas e os olhos abertos* (4.16-18). Eles trabalharam e vigiaram. Os moços, os chefes, os carregadores e os edificadores, todos, trabalhavam e vigiavam. Não podemos depor as armas nem ficar desapercebidos. Muitos se envolvem tanto no trabalho que deixam de vigiar e por isso caem no próprio campo de trabalho. Ação e vigilância precisam caminhar de mãos dadas. Muitos obreiros se perdem no trabalho e se cansam na obra e da obra.[62] Trabalho sem vigilância pode nos acarretar grandes perdas.

Em terceiro lugar, *mantenha os ouvidos bem afinados a um chamado de emergência* (4.18b). Aquele que tocava a trombeta estava junto de Neemias. A trombeta não podia dar sonido incerto. O líder tem a responsabilidade de cuidar do povo de Deus. Ele precisa estar atento aos perigos que atacam a Igreja (At 20.29,30). Afine seus ouvidos à voz do alerta para que quando ele soar você prontamente esteja no seu posto de combate.

Em quarto lugar, *fiquem perto uns dos outros* (4.19). Nada pode ser mais perigoso para a Igreja do que a falta de união ou proximidade dos irmãos. Um cordão de três dobras não se quebra com facilidade. Gente precisa de Deus, mas gente também precisa de gente. Precisamos trabalhar unidos. Não estamos competindo. Não somos rivais, mas parceiros. Somos membros do mesmo corpo, ovelhas do mesmo rebanho, ramos da mesma videira. Não deve haver ciúmes ou melindres entre o povo de Deus. Não deve existir complexo

Fazendo a obra de Deus debaixo da oposição

de inferioridade nem de superioridade entre os membros do corpo de Cristo (1Co 12.15-21). Estamos todos engajados na mesma obra. Estamos lutando por uma mesma causa. Somos soldados do mesmo exército, sob o comando do mesmo general. Por isso, devemos estar unidos!

Em quinto lugar, *trabalhe na medida das suas forças* (4.21). Os construtores trabalharam "desde o raiar do dia até ao sair das estrelas". Deus nos chama para o serviço. Os preguiçosos nunca se envolvem ou cedo desistem. O trabalho de Deus exige dedicação, esforço, suor, constância. O chamado de Deus não é para o ócio, mas para o trabalho. Nem mesmo na eternidade, estaremos desobrigados do trabalho, pois no céu os remidos servem o Senhor. Se quisermos ver a reconstrução da família, da igreja e da sociedade, precisamos trabalhar enquanto é dia e na medida das nossas forças.

Em sexto lugar, *confie em Deus, mas seja cauteloso* (4.20b,22,23). Neemias diz para o povo que é Deus quem peleja por nós, mas em tempos de perigo, Ele ordena ao povo para não sair de Jerusalém. Fé não é presunção. Confiança em Deus não anula prudência. Por isso, fazemos seguro do carro, colocamos trancas em nossas casas e evitamos lugares perigosos em certas horas da noite. É preciso estar em constante senso de combate (4.23). Essa guerra não tem trégua. Há muitos obreiros que foram desqualificados porque subestimaram a necessidade da prudência. Sansão, fascinado pela beleza e sedução, deitou-se no colo de Dalila e ficou cego. Davi depois de vitórias tão retumbantes, foi vencido não por um exército nem num campo aceso de luta, mas na cama do adultério. Muitos pastores caem não diante da perseguição ou das intempéries da lida ministerial, mas caem no gabinete pastoral, presos na rede da sedução.

NEEMIAS – O líder que restaurou uma nação

Em sétimo lugar, *empunhe as armas de combate, mas saiba que a vitória vem de Deus* (4.15,20b). É Deus quem frustra os desígnios do inimigo (4.15). É Deus quem peleja por nós. É Ele quem adestra os nossos braços para a peleja. É Ele quem desbarata os nossos inimigos e frustra os seus planos. Do Senhor é a guerra, Ele é o nosso defensor e Dele vem a vitória. A vitória vem de Deus, é de Deus e a glória deve ser tributada a Ele.

Quais são as frentes de batalha que você tem enfrentado nesses últimos tempos? Que tipo de ataque os inimigos têm usado para atingir sua vida?

Como você tem reagido aos ataques do inimigo? Neemias enfrentou as zombarias com oração e com trabalho concentrado (4.1-6); os complôs, com oração e com a colocação de sentinelas (4.7-9); as ameaças mais fortes com uma chamada geral às armas e com exortação: "Lembrai-vos do Senhor[...] e pelejai".

NOTAS DO CAPÍTULO 6

[55] MESQUITA, Antonio Neves de. *Estudo nos livros de Crônicas, Esdras, Neemias e Ester*, p. 264.

[56] BARBER, Cyril J. *Neemias e a dinâmica da liderança eficaz*, p. 54.

[57] KEIL, C. F. *The books of Ezra, Nehemiah and Esther.* Grand Rapids: Eerdmans, s/d, p. 201.

[58] BARBER, Op. cit., p. 56.

[59] BARBER, Cyril J. *Neemias e a dinâmica da liderança eficaz*, p. 62.

[60] BARBER, Cyril J. *Neemias e a dinâmica da liderança eficaz*, p. 63.

[61] Ibid., p. 63,64.

[62] LLOYD-JONES, Martyn. *Spiritual depression.* Grand Rapids: Eerdmans, 2000, p. 196.

Capítulo 7

Como enfrentar o problema da injustiça social
(Neemias 5.1-12)

O CAPÍTULO 3 DE NEEMIAS mostra os recursos que ele usou para mobilizar o povo na construção dos muros de Jerusalém: coordenação, cooperação, aprovação e comunicação.

O capítulo 4 nos informa que a obra foi feita debaixo de intensa oposição dos inimigos, provocando desânimo, confusão, ameaça e destruição.

O capítulo 5 aponta um perigo mais difícil de ser enfrentado: a usura dos nobres. Neemias lida agora não com um problema externo, mas interno; não procedente dos inimigos, mas oriundo dos irmãos. O exército de Sambalá é menos perigoso do que a avareza dos nobres.

O sucesso da obra de Deus não pode ser construído em detrimento dos obreiros. Neemias agora enfrenta o problema da usura, da injustiça social, da opressão econômica. Cyril Barber diz que entre todas as tensões que operam na sociedade, poucas são tão perigosas quanto as que existem entre os ricos e os desprovidos.[63]

Foi grande o clamor do povo e de suas mulheres contra os judeus, seus irmãos (5.1). Esse clamor é o triste choro da humanidade ao longo dos séculos. Esse texto trata da questão da pobreza e da opressão. O povo não está clamando por luxo, mas por pão; não por conforto, mas por sobrevivência.

A origem do problema

Neemias identifica três fatores que estão na raiz do problema que o povo estava enfrentando:

Em primeiro lugar, *Neemias identifica o capitalismo selvagem*. A concentração de renda sempre foi a expressão da ganância insaciável do homem (Is 5.8; Am 6.3,4; Mq 2.2). Noventa anos antes, os primeiros judeus que voltaram para Jerusalém tinham vindo amplamente supridos com bens materiais (Ed 1.5-11; 2.66,67). Mas os nobres aproveitaram o momento de crise financeira do povo para enriquecer explorando os pobres (5.3). Há sempre aqueles que aproveitam o momento de desespero do pobre para enriquecer (5.5). As nações ricas muitas vezes vivem nababescamente às custas das nações pobres. Estas tornam-se dependentes e escravas financeiramente das superpotências econômicas. No capitalismo selvagem, o outro é visto como um território a ser explorado. Essa é uma visão utilitarista, extrativista, sanguessuga. Neemias pôde combater esse execrando crime social porque não via

Como enfrentar o problema da injustiça social

as pessoas como coisas a serem usadas e exploradas, mas como seres dignos do mais alto respeito, que precisam ser tratados com humanidade e justiça.

Em segundo lugar, *Neemias identifica a globalização econômica.* As regras do mercado econômico nos dias de Neemias eram draconianas. Os pobres estavam perdendo seus bens, suas propriedades, suas casas e até seus filhos. O tempo passou, mas esses valores não. O mundo hoje é uma aldeia global. O dinheiro é a mola que gira o mundo. Os ricos ficam cada vez mais opulentos e os pobres cada vez mais desesperançados. Cinqüenta por cento das riquezas do planeta estão hoje nas mãos de apenas algumas centenas de empresas. Tom Sine diz que das cem maiores economias do mundo de hoje, 51 são empresas. A General Motors é maior do que a Dinamarca, a Ford é maior do que a África do Sul e a Toyota é maior do que a Noruega. Só o Wal-Mart é maior do que 161 países.[64] Em 1998, o patrimônio líquido de Bill Gates cresceu impressionantes quatrocentos milhões de dólares por semana.[65] Segundo o *New York Times,* 358 bilionários hoje "controlam ativos maiores do que as rendas combinadas de países que acomodam 45% da população do mundo.[66] Esse sistema de concentração de riqueza nas mãos de poucos e o alargamento da pobreza para a maioria é perverso. Na verdade, esse mercado global que privilegia os poderosos, exige mais do seu dinheiro e mais do seu tempo.[67] As pessoas que compram a prazo pagam exorbitantemente mais do que é justo numa economia de juros altos, enriquecendo ainda mais as instituições financeiras e empobrecendo a população. Os bens financiados nesse sistema avarento tornam você um escravo do sistema econômico.

Em terceiro lugar, *Neemias identifica a ganância insaciável.* A ganância financeira tem gerado um sistema econômico

NEEMIAS – O líder que restaurou uma nação

truculento, opressor e fortemente injusto. Os ricos aproveitam o desespero dos pobres para saquear-lhes os bens. Os pobres lutam apenas para sobreviver, enquanto os poderosos ajuntam riquezas amealhadas pela ganância insaciável. Havia três grupos empobrecidos por causa dos esbarros econômicos: os trabalhadores, os fazendeiros e aqueles que estavam sendo achatados por impostos abusivos.[68]

A natureza do problema

Neemias identifica seis problemas que atingem a vida do povo:

Em primeiro lugar, *Neemias fala sobre a fome* (5.1,2). Vemos aqui: 1) Os acusadores: o povo. 2) Os acusados: os irmãos ricos. 3) A acusação: a usura. Há um grande clamor do povo. Eles estão trabalhando no muro, mas a panela está vazia. Suas mulheres estão aflitas. A fome é uma questão urgente, não dá para esperar. O povo não pode continuar investindo na reconstrução do muro de estômago vazio. A fome é um problema que atinge hoje quase 50% da população mundial. Enquanto uns morrem de fome, outros morrem de comer. Enquanto uns esbanjam, outros lutam desesperadamente para sobreviver. Enquanto uns ficam inquietos por causa de coisas supérfluas, outros se desesperam para ter pão dentro de casa. Há muitos homens, mulheres e crianças perambulando envergonhados pelas ruas das grandes cidades, disputando comida com os cães leprentos nos restos apodrecidos das feiras. Há milhões de crianças abandonadas que vivem sem teto, sem dignidade, sem identidade, perdidas nas ruas, com o ventre estufado, estonteadas pela fome perversa, de couro furado pelas costelas em ponta. O problema não é só falta de amor, mas de amor, de solidariedade, de compaixão.

Como enfrentar o problema da injustiça social

Em segundo lugar, *Neemias fala sobre dívidas* (5.3). A dívida traz desespero mental, degradação social e ruína familiar. Algumas pessoas já tinham hipotecado suas casas e terras para comprar trigo. Não estavam fazendo negócios de investimento arriscado. Estavam comprando o pão da sobrevivência. Os ricos aproveitaram o momento de crise, de fome, de aperto para fazerem bons e lucrativos negócios. Uma pessoa faminta, premida pela necessidade de sobrevivência, acaba fazendo negócios que só beneficiam os que querem se locupletar. Os agiotas se enriquecem aproveitando o desespero dos aflitos. Os agiotas não hesitavam em tomar as terras e até mesmo os filhos e as filhas dos pobres infelizes para receberem o seu dinheiro. Essa prática opressora está em desacordo com a lei de Deus (Dt 23.19,20; 24.10-13). Ela também feria o princípio do ano do jubileu (Lv 25.10,14-17,25-27).

Em terceiro lugar, *Neemias menciona os impostos* (5.4). Além da fome e das dívidas contraídas para terem o pão de cada dia, ainda tinham de pagar pesados tributos à Pérsia. O pouco que tinham precisava ser repartido para manter o luxo e o fausto dos poderosos.

O Brasil tem um dos tributos mais pesados do mundo. Cada quilo de arroz que se compra no mercado é tributado, o pão que chega à nossa mesa é tributado. O que mais agride o pobre é que os impostos que paga não retornam a ele em benefícios. Na verdade, o pobre passa fome para manter o sistema, muitas vezes corrupto. Cada vez que se cria mais impostos, o dinheiro que deveria vir para ajudar os pobres, cai no ralo da corrupção. As ratazanas esfaimadas que circulam pelos corredores do poder, mordem sem piedade, não apenas o naco que pertence ao pobre, mas devoram os próprios pobres, porque estes, sem pão, sem teto, sem esperança, sucumbem impotentes diante de tamanha selvageria. Como sanguessugas, esses gananciosos insaciáveis, se alimentam do sangue do povo.

Em quarto lugar, *Neemias trata da questão da pobreza, a perda dos bens* (5.5). O resultado desse sistema draconiano é a perda dos bens daqueles que precisam sobreviver. Os pobres perderam suas casas e suas terras e tornaram-se reféns dos poderosos. Eles trabalham, mas não desfrutam. Eles calejam as mãos, mas não usufruem. São vítimas de uma injusta opressão econômica. Neemias percebe que o âmago do problema é a exploração, por isso contende com os nobres e magistrados. Os sacerdotes é que deviam ter feito esse confronto, mas estavam mancomunados com os ricos (6.12,14; 13.4,7-9).

Em quinto lugar, *Neemias fala sobre a escravidão, a perda da liberdade* (5.5). Além de entregarem suas casas e propriedades, agora entregam também seus filhos e filhas para saldarem dívidas. Os ricos passam a ver pessoas como coisas e compram seres humanos para serem seus escravos. O trabalho escravo é algo que fere o projeto de Deus. É uma injustiça clamorosa. O comércio escravagista é uma das páginas mais sombrias da história humana, um dos sinais mais notórios da maldade que tomou conta do homem movido pela ganância.

Em sexto lugar, *Neemias fala sobre a impotência, a perda da esperança* (5.5). "Não está em nosso poder evitá-lo..." (5.5). Os poderosos fazem as leis, manobram as leis, torcem as leis e escapam das leis. Eles subornam os sacerdotes e os juízes. Eles são inatingíveis. Os pobres não têm vez nem voz. Estão completamente sem forças e sem esperança. Os oprimidos não vêem uma saída.

Como enfrentar o problema da injustiça social

A causa do problema

Neemias identificou quatro causas dos problemas que estão afligindo o povo oprimido de Jerusalém:

Em primeiro lugar, *Neemias identificou a usura* (5.7). Usura é não se contentar com o que se tem e querer o que é do outro. Usura é aproveitar um momento de infelicidade do outro para apropriar-se do que ele tem. Os nobres se beneficiaram com a crise. Sempre alguém lucra com a crise. A miséria do povo sempre beneficia os gananciosos e usurários. "Os nobres estavam agindo como penhoristas, e ainda por cima severos, ao invés de como irmãos. Estavam emprestando somente com a melhor garantia e com os piores motivos."[69]

Em segundo lugar, *Neemias identificou a falta de amor* (5.5,7). Os opressores são irmãos dos oprimidos. Os oprimidos estão engajados na mesma obra dos opressores, a reconstrução dos muros. Aqueles que foram injustiçados estão angustiados porque seus filhos são iguais aos filhos dos exploradores (5.5): têm vontade, sentimento, desejos, necessidades. Neemias diz que os nobres estavam explorando não inimigos e estranhos, mas seus "irmãos" (5.7). A lei de Deus era clara nesse sentido: "Se emprestares dinheiro ao meu povo, ao pobre que está contigo, não te haverás com ele como credor que impõe juros" (Êx 22.25). Quem ama, não explora, mas dá e reparte (1Jo 3.17,18; Tg 2.14-17).

Em terceiro lugar, *Neemias identificou a falta de temor a Deus* (5.9). Quem anda no temor de Deus não explora o próximo, não se aproveita da miséria alheia para enriquecer-se. Quando perdemos o temor de Deus, a vida perde os referenciais. A impiedade sempre desemboca na perversão. José não adulterou com a mulher de Potifar porque andava no temor de Deus. O que nos livra do pecado é o temor de Deus. Neemias não se rendeu à cultura do ganho ilícito por causa do temor de Deus. Hoje, muitos políticos e até líderes evangélicos capitulam diante do poder do dinheiro e vendem a consciência porque perderam o temor do Senhor.

Em quarto lugar, *Neemias identificou a falta de testemunho perante o mundo* (5.9). O povo de Deus está sendo observado pelos olhos críticos do mundo. Quando a Igreja age igual ao mundo, isso é um escândalo e o nome de Deus é blasfemado. Infelizmente, estamos vendo a Igreja evangélica brasileira sendo mais conhecida na mídia pelos seus escândalos do que por seu testemunho. Alguns políticos evangélicos elegem-se em nome de Deus e depois envergonham o evangelho, mancomunando-se com toda sorte de corrupção e roubalheira. O apóstolo Paulo diz que não devemos nos envergonhar do evangelho (Rm 1.16), mas há muitos crentes que são a vergonha do evangelho.

A solução do problema

Para resolver o grave problema da injustiça social, Neemias aponta cinco soluções:

Em primeiro lugar, *inconformação, a ira* (5.6). Neemias não ficou passivo diante de tamanha injustiça. Ele reagiu fortemente. Ele se aborreceu. Ele se encheu de ira. Neemias repreendeu os nobres e magistrados e lhes disse: "Sois usurários, cada um para com seu irmão" (5.7). O conformismo com a injustiça é um grave pecado aos olhos de Deus. A ira em si não é pecado (Ef 4.26; Sl 7.11; Mc 3.5). A ira deve ser focada no mal e não contra quem pratica o mal. A ira é pecaminosa quando nós a despejamos sobre nossos filhos, cônjuge, irmãos ou quando nutrimos mágoa ou desejamos vingança. Fomos chamados de protestantes

Como enfrentar o problema da injustiça social

exatamente pela inconformação com o erro e com o pecado. Os desmandos no trato da coisa pública e a corrupção endêmica e sistêmica em nosso país deveriam fazer ferver o sangue em nossas veias.

Em segundo lugar, *a reflexão* (5.7). Neemias era um líder prudente. Em vez de fermentar ainda mais a situação, falando irrefletidamente, ponderou o assunto consigo mesmo, aconselhou-se consigo mesmo, ruminou a situação antes de tomar uma decisão pública. A Bíblia diz: "Responder antes de ouvir é estultícia e vergonha" (Pv 18.13). Diz ainda: "O iracundo levanta contendas, e o furioso multiplica as transgressões" (Pv 29.22). A prudência e a discrição são marcas indispensáveis na vida de um líder. No muito falar abundam as transgressões.

Em terceiro lugar, *a repreensão* (5.7). Neemias teve coragem para repreender o erro, ainda que na vida dos nobres, dos ricos, dos poderosos. Ele tem compromisso com a verdade e com a justiça, por isso, não se intimida. Neemias não amacia a situação. Ele chama os nobres e magistrados de usurários. Ele coloca o dedo na ferida e desmascara os nobres, denunciando sua conduta vergonhosa e injusta.

Em quarto lugar, *a exemplificação* (5.8,10). Neemias não é um líder que apenas tem coragem, ele tem vida. Ele não apenas fala, ele dá exemplo. Neemias não sobe no palanque para blasonar elogios a si mesmo estando comprometido com os mesmos crimes que denuncia. Ele não é hipócrita. Neemias não ocupa a liderança para tirar vantagem. Ele é um homem que ama o povo e não o dinheiro. Neemias resgatou judeus escravos dos estrangeiros (5.8) Agora os líderes do povo estão fazendo essas pessoas escravas novamente. Ele não apenas socorreu os necessitados, mas perdoou-lhes a dívida, visto que não puderam pagar a ele

(5.10). O maior líder de todos os tempos, Jesus de Nazaré, disse que para você liderar precisa servir.

Gandhi tinha menos de 1,60m de altura e pesava cerca de cinqüenta quilos. Viveu na Índia, um país oprimido pelo Império Britânico. Ele dedicou sua vida à causa da libertação do seu país do domínio britânico sem recorrer à violência. Sacrificou-se pela liberdade do seu país até que o mundo tomou conhecimento de sua bandeira. Finalmente, em 1947, não apenas o Império Britânico deu a independência à Índia como recebeu Gandhi em Londres, com uma parada digna de um herói. Ele fez tudo sem usar armas e a violência. Usou a influência do serviço em vez do poder da violência. Martin Luther King abraçou a causa dos direitos civis no princípio dos anos 60 nos Estados Unidos. Com sua atitude abnegada e sem usar a violência, chamou a atenção da nação para as injustiças que os negros suportavam. O caminho de Luther King foi crivado de espinhos. Sofreu muitas ameaças de morte, sua família foi também ameaçada, sua casa e sua igreja foram bombardeadas. Ele foi preso e finalmente tombou como mártir, mas saiu vitorioso em sua causa. Foi o homem mais jovem a ganhar o Prêmio Nobel da Paz. A legislação mais abrangente sobre direitos civis jamais promulgada – O Decreto dos Direitos Civis de 1964 – tornou-se lei e ainda vigora.[70]

A autoridade fundamentada no exemplo é mais importante do que o poder. James Hunter distingue corretamente o poder de autoridade. Ele diz que poder é a faculdade de forçar ou coagir alguém a fazer sua vontade, por causa de sua posição ou força, mesmo se a pessoa preferir não o fazer, enquanto, autoridade é a habilidade de levar as pessoas a fazerem de boa vontade o que você quer

Como enfrentar o problema da injustiça social

por causa de sua influência pessoal.[71] O mesmo autor diz que o poder pode ser vendido e comprado, dado e tomado. As pessoas podem ser colocadas em cargos de poder porque são parentes ou amigas de alguém, porque herdaram dinheiro ou poder. Isto nunca acontece com a autoridade. A autoridade não pode ser comprada nem vendida, nem dada nem tomada. A autoridade diz quem você é como pessoa, como é seu caráter e como é a influência que exerce sobre as pessoas.[72]

Em quinto lugar, *a restituição* (5.11). Neemias é firme, mas também sábio. Ele não manda, mas pede. Ele pede, mas antes dá o seu testemunho. Ele não pede medidas paliativas, antes, toca na raiz do problema: ele pede restituição, um reparo completo na injustiça social.

Esse capítulo nos mostra duas coisas importantes:

Primeiro, *o sucesso de Neemias* (5.12). A proposta de Neemias foi pronta e completamente aceita. Neemias teve sabedoria para lidar com os problemas de fora e também com os de dentro. Ele mobilizou o povo, protegeu-o, escutou-o e saiu em sua defesa. Ele é servo do povo e não explorador dele.

Segundo, esse capítulo nos mostra também *a prudência de Neemias* (5.12). Neemias não se contenta apenas com a palavra dos nobres e magistrados, ele quer que eles assumam um compromisso legal, oficial diante das autoridades competentes: os sacerdotes. Neemias nos ensina que o líder precisa ser precavido e prudente. Deve confiar, mas também ser criterioso e cauteloso. Neemias nos ensina que Deus pode ser glorificado e Seu povo abençoado quando lidamos de forma correta com os problemas.

NEEMIAS – O líder que restaurou uma nação

NOTAS DO CAPÍTULO 7

[63] BARBER, Cyril J. *Neemias e a dinâmica da liderança eficaz*, p. 69.

[64] SINE, Tom. *O lado oculto da globalização*. São Paulo: Mundo Cristão, 2001, p. 104.

[65] Ibid., p. 141.

[66] GROSSETE, Barbara. *U. N. survey finds world rich-poor gap widening in. New York Times.* 15 de julho de 1996, p. A3.

[67] SINE. Op. cit., p. 119.

[68] BARBER, Cyril J. *Neemias e a dinâmica da liderança eficaz*, p. 71.

[69] KIDNER, Derek. *Esdras e Neemias*, p. 104.

[70] HUNTER, James C. *O monge e o executivo*, p. 64-66.

[71] Ibid., p. 26.

[72] Ibid., p. 27.

Capítulo 8

As marcas de um líder íntegro
(Neemias 5.13-19)

A RECONSTRUÇÃO DA CIDADE de Jerusalém sofreu ataques de fora e também de dentro. O exército de Sambalá e a usura dos nobres e magistrados conspiraram contra a restauração da cidade.

Neemias precisou defender o povo dos ataques externos e também das ameaças internas.

Nos versículos 1 a 12 vimos como Neemias teve coragem para confrontar os nobres acerca da usura. Eles haviam se aproveitado da crise econômica para enriquecer. Eles emprestaram dinheiro com juros altos aos seus irmãos e acabaram tomando suas casas, vinhas, terras e filhos. Mas não bastou apenas coragem a Neemias. Ele precisou também de exemplo e vida. As pessoas aceitam o líder, depois os seus planos. Eles têm confiança na visão, quando têm confiança no líder. Agora Neemias dá o seu testemunho de conduta impoluta e íntegra como governador de Jerusalém. As pessoas ensinam aquilo que sabem, mas reproduzem aquilo que são, diz John Maxwell.[73]

Nesse texto, temos uma radiografia do problema da política de ontem e de hoje: aproveitamento da posição política para o auto-enriquecimento; esquemas de corrupção infiltrados no governo; a indolência dos homens que ocupam cargos públicos; a falta de temor a Deus daqueles que se aproveitam das benesses do cargo para explorarem o povo sobrecarregado.

Vemos neste texto algumas marcas de um líder íntegro.

O líder deve ser conhecido por aquilo que não faz

Um líder é conhecido por aquilo que faz e também por aquilo que não faz. Neemias alista três coisas que um líder íntegro não faz:

Em primeiro lugar, *ele não segue o passo dos políticos oportunistas* (5.15). Os governadores que antecederam Neemias oprimiram o povo, tomaram dele pão e vinho e ainda impuseram sobre o povo uma pesada carga tributária. Muitos governantes ainda hoje aumentam seus próprios salários, vivem nababescamente e oprimem o povo. Somos o segundo país do mundo no *ranking* da maior carga tributária. Nem por isso vemos significativos investimentos sociais: nossas estradas estão sucateadas; nosso sistema de saúde pública está cada vez mais deficiente; nossa educação vai tão mal que pesquisa feita em 2005 pelo IBGE indicou que 75% da população brasileira não sabe interpretar o

As marcas de um líder íntegro

que lê. A segurança pública está cada vez mais fragilizada diante do crescimento insopitável da criminalidade. Nossas cidades estão se transformando em arenas sangrentas, onde o narcotráfico desafia a lei e entra nas escolas, nos presídios e consegue subornar até mesmo alguns daqueles que deveriam nos proteger. Nesse ambiente de desesperança do povo, muitos políticos corruptos engordam suas contas bancárias em paraísos fiscais, roubando os recursos que deveriam ser usados na reconstrução do país.

O maior problema da nossa nação é a corrupção instalada em nossa cultura. Vivemos a cultura do extrativismo desde a descoberta do Brasil em 1500. Ainda predomina a lei utilitarista do levar vantagem em tudo. É a posição gananciosa que olha para o próximo como alguém a ser explorado. Como sanguessugas, esses políticos se alimentam do próprio sangue do povo.

Neemias quebra o ciclo da corrupção e do espírito da exploração que tinham marcado os outros políticos em Jerusalém. Ele rompe com os costumes tradicionais. Ele faz reformas de contenção e coloca o seu nome no primeiro lugar da lista. Precisamos não apenas de reforma política em nossa nação, mas também de uma reforma de políticos.

Em segundo lugar, *ele não permite esquemas de corrupção e opressão no seu governo* (5.15b). Os primeiros governadores não apenas oprimiram o povo, mas permitiram que seus moços também armassem verdadeiras redes de extorsão para saquear o povo. Seus subordinados mordiam sem piedade o erário público. O sistema estava contaminado pela corrupção. O povo era explorado de todos os lados. Neemias não permitiu que *poucos* oprimissem *muitos*. Ele fez seus servos trabalharem, em vez de explorar o povo (5.16). É vergonhosa a situação que vivenciamos em nosso país, quando partidos políticos loteiam cargos em empresas públicas para seus apadrinhados se locupletarem. Concursos públicos são fraudados, licitações para serviços e obras públicos são decididos não pelo critério da competência, mas do suborno. Essa mancha inglória de nossa história precisa ser apagada. Precisamos reescrever nosso futuro com mais dignidade.

Em terceiro lugar, *ele não se aproveita da miséria alheia para enriquecer* (5.16). Neemias não fez como os nobres que aproveitaram o momento de fome, dívida, pesados tributos, perda de liberdade e esperança dos trabalhadores aflitos para comprar suas terras e assim acumular suas posses (5.7). Neemias alforriou, por meio do pagamento de resgate, judeus escravos na Pérsia (4.8) e agora empresta para o povo, sem cobrar juros e ainda perdoa a dívida dos que não podiam pagar (5.10).

A crise sempre interessa àqueles que vivem da exploração. A ganância é um pecado terrível aos olhos de Deus. O profeta Isaías lançou um libelo contra aqueles que ajuntam campos e casas e assentam-se como os únicos senhores da terra (Is 5.8). Enriquecer-se oprimindo e explorando o pobre é algo repulsivo que precisa ser denunciado e combatido com todas as forças da nossa alma e com todo o rigor da lei.

O líder deve ser conhecido por aquilo que faz

Se um líder íntegro é conhecido por aquilo que não faz, também e sobretudo, deve ser conhecido por aquilo que faz. Neemias elenca, cinco atitudes positivas de um líder íntegro:

Em primeiro lugar, *ele transforma crises em oportunidades* (5.13,14). O líder é alguém que lida com tensão. O campo de ação do líder é uma arena de muitas pelejas. A crise é sua agenda diária. Mas a crise é uma encruzilhada que leva

As marcas de um líder íntegro

os fracos ao fracasso e os fortes a consagradoras vitórias. A crise denuncia os covardes e descobre os heróis. Vejamos como Neemias transformou crises em oportunidades:

Primeiro, ele transformou clamor em louvor. O povo começou com um clamor cheio de dor por causa da opressão e terminou louvando a Deus cheio de alegria. A crise é uma encruzilhada que a uns abate, a outros exalta. Uns olham o problema, outros a oportunidade. Uns vêem as dificuldades, outros a solução. O clamor tornou-se uma reunião festiva de louvor. Por quê? Porque Neemias teve capacidade de se indignar, confrontar, exemplificar, pedir restituição e dar exemplo.

Segundo, ele transformou opressão em solidariedade. Os nobres não apenas cancelaram a dívida dos pobres, mas restituíram suas vinhas, suas terras e seus filhos.

Terceiro, ele transformou a situação de usura em oportunidade para confronto (5.13). Neemias pediu aos nobres para restituir, chamou os seus sacerdotes e também pessoalmente os fez assumir um compromisso público. O verdadeiro líder nunca foge do problema nem o adia, antes enfrenta-o corajosa e firmemente.

Quarto, ele transformou uma revolta humana num ato de compromisso e adoração a Deus. O clima era de tensão, revolta, dor, angústia. Neemias levou os nobres a um compromisso de restituição diante de Deus e o povo celebrou com alegria louvores ao Senhor.

Em segundo lugar, *ele dá mais valor ao bem público do que à remuneração pessoal* (5.14,18). Neemias abriu mão de seus direitos garantidos e legítimos a favor do povo. Seu posto de governador é uma plataforma de serviço e não de privilégios. Em vez de enriquecer-se e engordar sua conta bancária, ele abriu mão do seu próprio salário para socorrer o povo em tempo de aflição.

Hoje vemos nossos legisladores, seja no âmbito estadual ou nacional, buscando sofregamente aumentar seus salários de forma abusiva. Além de majorar seus salários, muitos, ainda, se mancomunam com perversos esquemas de corrupção, recebendo vultosas somas de fontes escusas. Assistimos com tristeza e repúdio a multiplicação de políticos desonestos e a escassez de exemplos dignos de serem imitados. Sentimos saudades de Neemias!

Em terceiro lugar, *ele dá mais valor ao trabalho do que à indolência luxuosa* (5.16). Os outros governadores viram o cargo como uma porta aberta para o benefício pessoal, para o enriquecimento rápido, para o favorecimento dos seus aliados. Neemias não viveu na indolência, nababescamente, às custas do povo, mas ele e seus moços trabalharam na obra. Ele era um homem que liderava o povo, que estava junto do povo, que defendia o povo, que trabalhava com o povo e pelo povo.

Precisamos resgatar o exemplo de políticos da fibra de Neemias, gente séria, abnegada e trabalhadora. Quando um líder está mais interessado em si mesmo e em seus investimentos e aventuras pessoais do que no seu trabalho, os seus subordinados logo perceberão. Neemias realizou um trabalho pessoal e também de equipe; um trabalho contínuo, abnegado e eficaz.

Em quarto lugar, *ele dá mais valor à benevolência do que à política do levar vantagem em tudo* (5.18). Neemias em vez de explorar o povo, ajudava o povo. Ele comprou judeus escravos para resgatá-los. Spilberg no seu famoso filme *A Lista de Schindler* registra um fato comovente: o protagonista do filme, um nazista, movido de compaixão pelos judeus que estavam sendo trucidados impiedosamente nas câmaras de gás e nos paredões de fuzilamento, resolve comprar com seus recursos próprios centenas de judeus e transferi-los para uma fábrica fictícia na Checoslováquia, a fim de poupá-los da morte. Quando a guerra terminou e ele comunicou o fato a eles, disse em lágrimas, olhando para o seu carro de luxo: "Se eu tivesse vendido esse carro, teria comprado mais vinte vidas que pereceram". Olhando para o bótom de ouro na lapela do seu paletó, afirmou: "Se eu tivesse vendido esse bótom, teria comprado mais duas vidas que pereceram". Então, arrematou em frase lapidar: "Quem salva uma vida, salva o mundo inteiro". Neemias demonstrou amor às pessoas e o amor não é apenas o que ele sente, mas sobretudo o que ele faz.[74] Neemias emprestou e perdoou a dívida dos pobres. Ele abriu sua casa e sustentava os trabalhadores na obra às suas custas para não sobrecarregar o povo já empobrecido. Ele abriu mão de seus direitos garantidos: "Nem por isso exigi o pão devido ao governador".

Em quinto lugar, *ele dá mais valor à integridade do que a vantagens pessoais* (5.14). Neemias é um homem que manteve sua integridade intocável durante todo o seu mandato de doze anos (5.14). Tratando da importância da integridade, Cyril Barber, cita o presidente americano Dwight D. Eisenhower:

> Para que um homem seja líder ele tem de ter seguidores. E para que tenha seguidores ele tem de ter a confiança deles. Assim sendo, a primeira qualidade do líder tem de ser integridade inquestionável. Sem ela, não é possível o verdadeiro sucesso, não importa se esteja trabalhando em turma de fábrica, campo de futebol, no exército ou num escritório. Se os colegas de um homem descobrem nele falsidade, se percebem que nele falta integridade direta, esse homem fracassará. Seu ensino e seus atos devem ser congruentes. Assim, a maior necessidade é integridade e propósito elevado.[75]

NEEMIAS – O líder que restaurou uma nação

Quantas vezes já fomos enganados e ficamos frustrados com as promessas de alguns políticos. Prometeram seriedade, lisura, honestidade, combate à corrupção, e logo depois, com a instalação de algumas comissões parlamentares de inquérito, quando destamparam o poço do abismo, sentimos o cheiro de enxofre no ar: a corrupção já estava orquestrada, o governo já loteado às ratazanas esfaimadas.

Outras vezes, vemos homens que começam bem-intencionados, mas se encantam com o poder, vendem a consciência por dinheiro, traem o povo e oprimem aqueles que neles esperavam.

Por que o líder deve fazer o que faz?

Um líder íntegro tem as motivações corretas. Neemias menciona aqui três motivações que o levaram a agir no combate à usura:

Em primeiro lugar, *o temor de Deus* (5.15). Paul Freston diz que essa era a motivação vertical, a consciência de viver sempre diante do Deus justo. O valor que atribuímos ao veredicto dos céus nos impede de fazer coisas que outros fazem com a maior naturalidade.[76] O temor de Deus possui quatro aspectos:

Primeiro, o temor do Senhor é o fundamento da conduta íntegra (Pv 1.7). O temor a Deus foi a motivação vertical de Neemias em ser um homem íntegro, abnegado, firme no combate à usura e dedicado ao trabalho de resgate do povo. A consciência de viver diante do Deus santo e justo levou Neemias a ter um caráter justo. A corrupção política é um sinal da falta de temor a Deus. A opressão do pobre é falta de temor a Deus.

Segundo, o temor do Senhor é o fundamento do destemor dos homens. Neemias não teme o rei da Pérsia.

As marcas de um líder íntegro

Não teme os inimigos de fora. Não teme o gigantismo da obra. Não teme os problemas internos. Ele só teme a Deus. Quem teme a Deus não teme aos homens. Sua consciência estava cativa de Deus. Era um homem guiado pela sua fé. Ele dizia não para os exemplos do passado. Ele interrompeu o fluxo de uma política draconiana. Neemias teve coragem de ser diferente por temer a Deus. Foi o temor do Senhor que livrou José de cair nos braços da mulher de Potifar. Foi o temor do Senhor que livrou Daniel de se contaminar com as finas iguarias da mesa do rei. Foi o temor do Senhor que deu coragem a Martinho Lutero para reafirmar sua fé e não negar o que havia escrito diante da dieta de Worms, em 1521.

Terceiro, o temor do Senhor é o fundamento do nosso relacionamento com o próprio Deus. Quem teme a Deus está disposto a agradá-Lo e obedecê-Lo por Suas perfeições, Sua autoridade e Suas leis.

Quarto, o temor do Senhor é o fundamento do nosso relacionamento com as pessoas. Foi o temor de Deus que levou Neemias a confrontar os nobres (5.9). Foi o temor a Deus que levou Neemias a não explorar o povo (5.15).

Em segundo lugar, a *compaixão pelo povo* (5.18). A compaixão pelo povo sobrecarregado foi a motivação horizontal de Neemias a ser um governador humano, justo e abnegado.[77] Foram o temor a Deus e a compaixão pelo próximo que levaram Neemias a ter uma vida simples, modesta e altruísta. Neemias abriu mão dos seus direitos porque sua liberdade estava regulada pelo amor. Enquanto os outros governadores abusaram de seus direitos, Neemias abriu mão deles por amor ao povo.

Em terceiro lugar, *a esperança na recompensa divina* (5.19). Neemias dava mais valor à bênção divina do que

NEEMIAS – O líder que restaurou uma nação

às vantagens pessoais e aos aplausos humanos. Neemias estava profundamente interessado no presente, mas sabia que a sua recompensa estava no futuro. Neemias agiu como Abraão (Hb 11.8-11) e como Moisés (Hb 11.25,26): abriu mão de recompensas terrenas para receber as recompensas celestiais e eternas. Ele podia cantar:

> *Aqui não é meu lar,*
> *Um viajante sou,*
> *Meu lar é lá no céu,*
> *Jesus já preparou.*

Por isso, Neemias ora: "Lembra-te de mim para meu bem, ó meu Deus, e de tudo quanto fiz a este povo" (5.19).

A vida de Neemias nos ensina algumas importantes lições: Primeiro, que um homem pode ser diferente do seu meio; segundo, que a autoridade do líder é fruto do seu exemplo; terceiro, que quanto mais andarmos perto de Deus, mais poderemos ajudar as pessoas; quarto, que a nossa recompensa vem de Deus e não do reconhecimento dos homens.

NOTAS DO CAPÍTULO **8**

[73] MAXWELL, John C. *21 minutos de poder na vida de um líder*, p. 239.

[74] HUNTER, James C. *O monge e o executivo*, p. 76.

[75] BARBER, Cyril J. *Neemias e a dinâmica da liderança eficaz*, p. 79,80.

[76] FRESTON, Paul. *Neemias: Um profissional a serviço do Reino*, p. 61.

[77] FRESTON, Paul. Neemias: *Um profissional a serviço do Reino*, p. 61.

Capítulo 9

Como enfrentar os velhos inimigos com novas faces
(Neemias 6.1-9)

É IMPOSSÍVEL FAZER a obra de Deus sem oposição externa e interna. O cristianismo não é um paraíso de férias. Aqui não é o céu. Aqui há lutas constantes, por isso precisamos trabalhar de olhos bem abertos.

Várias vezes Neemias precisou enfrentar a oposição dos inimigos de fora:

a) O desagrado (2.10).

b) O desprezo e a zombaria (2.19).

c) A indignação e o escárnio (4.1).

d) A humilhação (4.2).

e) A chacota (4.3).

f) A confusão (4.8).

g) A violência (4.11).

h) A boataria (4.12).

Enquanto Neemias estava ocupado em resolver os problemas internos, o inimigo deu uma trégua. Mas logo que o problema interno foi resolvido e o povo voltou ao trabalho, o inimigo voltou a atacar.

Os inimigos se aliam contra o povo de Deus com incansável persistência e diferentes táticas e estratégias (6.1).

As estratégias do inimigo para paralisar a obra de Deus

A obra de Deus incomoda o inimigo. Levantar-se para fazer a obra de Deus é despertar a fúria do inimigo. A reconstrução dos muros de Jerusalém provocou forte reação dos inimigos. Neemias destaca sete tentativas desses inimigos para paralisar a obra de Deus. Quais foram essas tentativas?

Em primeiro lugar, *distrair os obreiros* (6.2). Os inimigos não queriam ver a obra concluída. Os muros estavam fechados, mas as portas não tinham sido ainda restauradas. A cidade ainda estava vulnerável. As portas vazias e abertas eram a última esperança do inimigo em deixar a obra no meio do caminho. O inimigo não desiste, ele ainda dá a sua última cartada. Ele faz um plano para distrair os obreiros e desviá-los da obra no meio do caminho. O diabo ataca de maneira especial aqueles que estão na metade do caminho. O meio do caminho é um lugar perigoso.[78] Continue avançando, trabalhando.

O inimigo tem alcançado grandes vitórias, fazendo muitos obreiros parar no meio da obra. Quantos que depois de fazer grande parte da obra caem nas ciladas do diabo e fazem o jogo do inimigo!

Em segundo lugar, *dialogar com os obreiros* (6.2). O inimigo nunca é tão perigoso como quando parece amigável e chama você para um diálogo. A sutileza da serpente é mais perigosa do que o rugido do leão. Os inimigos agora querem

Como enfrentar os velhos inimigos com novas faces

conversar. Eles disseram: "Tá bom, agora, sabemos que Jerusalém é uma cidade reconstruída. Agora vamos sentar. Agora vamos estabelecer um bom relacionamento. Vamos sentar ao redor da mesma mesa e resolver as nossas diferenças de tantos anos". A tática do diálogo e da discussão é usada também no Novo Testamento. A Bíblia fala que os discípulos de Jesus estavam no sopé do Monte da Transfiguração discutindo com os escribas, enquanto o diabo cirandava como um menino possesso. A discussão árida desviou o foco dos discípulos da necessidade urgente de um pai aflito e de um menino possuído por uma casta de demônios.

O problema de Neemias é que esses inimigos tinham aliados dentro de Jerusalém, tanto na classe dos nobres quanto na classe dos sacerdotes. Uma das artimanhas mais sutis do adversário é infiltrar-se no meio do povo de Deus e conquistar aliados em seu meio.

O irmão André alerta para o fato de que o diálogo é uma palavra muito popular hoje em dia. Queremos que haja diálogo entre o oriente e o ocidente, entre os maometanos e os cristãos, entre os católicos e os protestantes.[79] Colocamos as verdades do cristianismo sobre a mesa e começamos a negociar, a ceder e a fazer concessões. Essa é a bandeira do ecumenismo. Os arautos dessa união indiscriminada das religiões dizem: "Esqueçam as diferenças, somos todos iguais, vamos dialogar, deixem de pregar, somos todos irmãos, estamos todos fazendo a mesma obra". Neemias não dialogou com o inimigo. Jesus também não dialogou com o diabo. Jesus não nos mandou dialogar, mas pregar. Identificação é viver onde as outras pessoas vivem, não como elas vivem. Jesus se identificou, mas não transigiu. O diabo tentou dialogar com Jesus, mas Ele nunca sentou com o diabo numa mesa de conferência.[80]

Em terceiro lugar, *fazer mal aos obreiros* (6.2). A intenção de fazer mal aos obreiros está claramente exposta por duas razões: A primeira razão era em função do local onde queriam se encontrar com Neemias, o vale do Ono. Eles queriam se encontrar com Neemias num lugar eqüidistante tanto de Jerusalém quanto de Samaria. Esse lugar ficava a uns 50 quilômetros de Jerusalém. O vale do Ono ficava na fronteira dos distritos de Samaria e Asdode. Visto que essa região era hostil a Neemias (4.7), o plano cheirava traição.[81] Eles tramaram uma espécie de cambalacho para matarem Neemias.[82] A segunda razão era em função do propósito declarado. Neemias compreendeu que o propósito dos inimigos não era um tratado de paz. Eles queriam fazer mal a ele, queriam matá-lo. Um dos projetos do inimigo é paralisar a obra, fazendo mal aos obreiros, pois destruindo os obreiros, a obra fica estagnada.

Em quarto lugar, *vencer os obreiros pelo cansaço* (6.4). Essa atitude dos inimigos pode ser vista sob dois aspectos: Primeiro, pela sua insistência. O inimigo não desiste, ele apenas muda de tática. A tática usada agora é a da insistência. Quatro vezes eles propõem a mesma coisa: uma mesa redonda, o diálogo. Segundo, pela sua sutileza. Eles não desdenham, não criticam, não ameaçam, não dão ordem, apenas pedem. Parecem muito polidos e educados.

Em quinto lugar, *falar mal dos obreiros* (6.5-7). O inimigo usa várias armas. Ele é versátil e tem várias máscaras. Para impedir a obra e desencorajar os obreiros eles usaram vários expedientes: Primeiro, espalharam boataria. Enviaram agora uma carta aberta. Aquilo era uma espécie de entrevista coletiva para falar uma série de coisas ruins sobre o líder Neemias. Aquela carta aberta era uma espécie de assassinato moral.[83] Já que não podem matar Neemias, querem destruir

Como enfrentar os velhos inimigos com novas faces

sua reputação. Os inimigos querem espalhar confusão, medo, intriga e jogam informações mentirosas para se espalhar entre o povo.

Essa carta aberta tinha uma intriga perigosa que visava a espalhar mentiras acerca das reais intenções de Neemias.[84] Há um princípio da psicologia que diz que as pessoas estão sempre prontas a acreditar no pior com respeito aos outros.[85] Era como um saco de pena jogado do alto de uma montanha.

No século passado, na cidade de Denver, Colorado, Estados Unidos, quatro repórteres aguardavam ansiosamente a chegada de um famoso político, um senador da República, que haveria de visitar a cidade. Os repórteres posicionaram-se para receber o dito senador, um homem de projeção no país. Entrementes, para a frustração deles o senador não chegou, e eles ficaram tão desapontados e desiludidos que resolveram ir para o *Oxford Hotel* e começaram a beber. Durante toda aquela noite beberam em excesso. Depois de embriagados, eles resolveram escrever uma matéria para o jornal que chamasse a atenção da população. De forma contundente escreveram um artigo que ganhou a manchete do jornal: "A China anuncia a derribada de suas multisseculares muralhas".

A notícia chegou à China como uma bomba e provocou uma grande confusão. Os chineses reagiram furiosamente, abrigando um grande ódio pelos ocidentais. Os cristãos ocidentais que moravam na China passaram a ser perseguidos. Essa malfadada notícia provocou na China a sangrenta Revolução dos Boxers.

Em maio de 1900, essa revolução se alastrou provocando grandes tragédias e a perda de milhares de vidas. Foi preciso que os Estados Unidos, a Inglaterra, a Alemanha, a França e o Japão se unissem para defender os ocidentais. Dezenove mil soldados aliados capturaram Pequim no dia 14 de agosto de 1900, mas naquele mesmo dia, 250 ocidentais foram assassinados naquela cidade. Só um ano depois é que o tratado de paz foi assinado. Contudo, os chineses expulsaram os entrangeiros da China. Esse fato medonho, provocado por uma mentira, foi o combustível para inflamar o nacionalismo chinês, encarnado na revolução comunista de 1949.

Aqueles quatro repórteres de Denver jamais poderiam imaginar que uma notícia inconseqüente pudesse trazer transtornos, prejuízos e tragédias tão gigantescas, de proporções tão avassaladoras. Assim é o efeito da maledicência.

Segundo, questionaram a motivação do povo. Dizem que o propósito da reconstrução do muro é se revoltarem contra a Pérsia. Terceiro, questionaram a motivação de Neemias. Dizem que Neemias tem um interesse pessoal na reconstrução: ser rei dos judeus. Quarto, acusam os obreiros de conspiração. Queriam intimidá-los perante o rei Artaxerxes. Já haviam conseguido isso uma vez (Ed 4.21). Quinto, acusam os obreiros de suborno religioso. Questionam agora a piedade de Neemias. Afirmam que Neemias não apenas é um rebelde político, mas um apóstata religioso.

Em sexto lugar, *chantagear os obreiros* (6.7b). O "vem" do versículo 7b é diferente do "vem" do versículo 2. Agora, o inimigo já colocou as unhas de fora, já mostrou sua cara e usou abertamente a chantagem e a pressão. Eles estão dando a impressão de que Neemias não tem escolha. Estão ameaçando não apenas paralisar a obra, mas arruinar os obreiros, caso não cedam à pressão.

Em sétimo lugar, *atemorizar os obreiros* (6.9). O propósito final do inimigo é paralisar a obra. Se eles

Como enfrentar os velhos inimigos com novas faces

conseguem intimidar e atemorizar os obreiros, eles terão, então, conseguido o seu objetivo. Não fomos chamados para temer o inimigo, mas para resisti-lo. Os covardes não são aptos a entrar no Reino de Deus (Ap 21.8). Deus espera de nós coragem.

As armas dos obreiros para vencer o inimigo

O povo de Deus é equipado com as armas de defesa e combate. Neemias as usou com sabedoria. Quais foram as armas usadas por ele?

Em primeiro lugar, *o discernimento espiritual* (6.2). Neemias era um homem maduro espiritualmente e não se encantou nem se intimidou com a proposta de diálogo dos inimigos. Ele discerniu que por trás de tamanha camaradagem, havia uma intenção maligna. Precisamos vigiar e estar apercebidos. Precisamos discernir tanto o rugido do inimigo, quanto sua voz mansa e sedutora.

Em segundo lugar, *a compreensão da importância da obra* (6.3). Neemias sabia quem era e a importância do que estava fazendo. Quantas vezes os obreiros de Deus se deixam seduzir por coisas menores, por vantagens do mundo e abandonam o seu posto. Os líderes colocam as coisas mais importantes em primeiro lugar. Eles enxergam todas as coisas, mas se concentram nas coisas importantes. Eles investem seu tempo naquilo que traz o maior retorno.[86] Charles Spurgeon dizia para os seus alunos: "Se os reis vos convidarem para serdes ministros de Estado, não vos deixeis seduzir, deixando a vossa posição sublime de embaixadores de Deus". O obreiro de Deus precisa saber três coisas importantes: Primeiro, saber que está fazendo uma grande obra. Você está envolvido numa obra de conseqüências eternas. Você é cooperador de Deus. Você está trabalhando

NEEMIAS – O líder que restaurou uma nação

na implantação do Reino eterno. Os reinos deste mundo vão cair, mas o Reino que você está implantando vai durar para sempre. Segundo, saber que a obra requer atenção exclusiva. Neemias diz que não pode parar. O que está fazendo não só é grande, mas vital e sumamente importante. Terceiro, saber que a obra é prioritária. Neemias não vai deixar o que é mais importante e urgente para atender a algo de menor valor. Um soldado não pode se distrair com negócios deste mundo. Quem coloca a mão no arado, não pode olhar para trás.

Em terceiro lugar, *prudência espiritual* (6.3). Neemias sabia que a intenção do inimigo era fazer-lhe mal (6.2). Mas quando responde, não expõe isso. Ele baseou sua recusa em ir ao vale do Ono em seu trabalho e não nas suas suspeitas.[87] Há coisas que não precisam ser ditas. Uma pessoa prudente é discreta. Ela não tropeça na sua própria língua. Ela sabe ficar calada na hora certa. Ao dar as razões ao inimigo, Neemias realçou apenas a grandeza do que estava fazendo e não a vileza intencional de seus contendores. Ele não deu mais munição ao inimigo.

Em quarto lugar, *firmeza de propósito* (6.4). Uma das armas prediletas do inimigo é a insistência. Foi com essa artilharia que o diabo venceu Eva, e Dalila venceu Sansão. Neemias continuou firme até o fim com a mesma postura. Ele era um homem coerente e corajoso. Quatro vezes o inimigo chamou Neemias para o diálogo, e quatro vezes, ele disse: "Oh! Não!". O nosso NÃO deveria ser tão alto quanto o nosso SIM. Devemos fazer ecoar o nosso SIM para Jesus e o nosso NÃO para o diabo com o mesmo vigor.

Em quinto lugar, *integridade pessoal* (6.6-8). As acusações eram mentirosas e levianas. Os inimigos certamente

Como enfrentar os velhos inimigos com novas faces

vasculharam e fizeram uma devassa na vida de Neemias. Caso tivessem encontrado alguma coisa, certamente, a teriam explorado. Mas constatando a inocência de Neemias, levantaram falsas testemunhas contra ele, como fizeram com Jesus.

Neemias desmascara o inimigo: Primeiro, negando as acusações; segundo, afirmando que tudo era invenção do acusador. Se Neemias não fosse um homem íntegro, faria de tudo para abafar os boatos. Mais tarde tentaram armar uma cilada para Neemias, mas esse líder tinha os olhos bem abertos. A única maneira de resistirmos às ciladas do diabo é usarmos toda a armadura de Deus. Não deixe brechas na sua vida. Mantenha sua vida limpa diante de Deus e dos homens.

Em sexto lugar, *oração por fortalecimento* (6.9b). Neemias enfrentou as artimanhas do inimigo com discernimento, trabalho, coragem, integridade, mas sobretudo, com oração. Neemias sabe que não bastam apenas os recursos da terra. É preciso buscar munição do céu. Um homem prático é um homem de oração. A situação era de causar pavor. Por isso, Neemias ora: "Oh, Deus, fortalece as minhas mãos". Somente Deus pode nos guardar diante de tais acusações e perseguições.

Podemos tirar desse texto algumas lições práticas. Primeira, a vida cristã é uma batalha sem trégua. Neemias enfrentou dificuldades antes, durante e depois da obra. Segunda, a vida cristã é uma batalha em várias frentes. Neemias manteve-se firme diante das várias estratégias do inimigo. Os inimigos mudam os métodos, mas atacam sempre. Terceira, a vida cristã é uma batalha que exige preparo. Neemias era um homem que conhecia a Deus, a si, o povo e o inimigo. Finalmente, a vida cristã é uma

NEEMIAS – O líder que restaurou uma nação

batalha vitoriosa. Somos um povo vencedor. A vitória pertence ao povo de Deus. Somos mais que vencedores. A obra foi concluída. O povo de Deus prevaleceu!

Notas do capítulo 9

[78] Irmão André. *Edificando um mundo em ruínas*, p. 127.

[79] Ibid., p. 128.

[80] Irmão André. *Edificando um mundo em ruínas*, p. 131.

[81] KIDNER, Derek. *Esdras e Neemias*, p. 107.

[82] MESQUITA, Antonio Neves de. *Estudo nos livros de Crônicas, Esdras, Neemias e Ester*, p. 270.

[83] Irmão André. Op.,cit., p. 133.

[84] MESQUITA, Antonio Neves de. Loc. cit.

[85] BARBER, Cyril J. *Neemias e a dinâmica da liderança eficaz*, p. 87.

[86] MAXWELL, John C. *21 minutos de poder na vida de um líder*, p. 317-324.

[87] KIDNER, Derek. *Esdras e Neemias*, p. 107-108.

Capítulo 10

Não ensarilhe as armas. A luta ainda não acabou
(Neemias 6.10-19)

A VIDA CRISTÃ NÃO É uma colônia de férias, mas um campo de batalhas. Somos guerreiros ou vítimas. Não adianta fazer de conta que a guerra não existe. Ensarilhar as armas ou colocar a cabeça debaixo da areia como avestruz não nos ajuda a triunfar sobre o inimigo. Não há sucesso sem sacrifício. A liderança sempre tem um custo. O caminho da liderança não é uma estrada aplainada por comodidade nem forrada de tapetes vermelhos. O líder, muitas vezes, é alvo de contradições, orquestrações e sórdida perseguição. Não importa quão íntegro seja um líder, ele será perseguido. Michael Youssef diz que perfeito, foi apenas um líder e, mesmo assim, foi criticado.[88] O líder não pode depender de aplausos nem se desencorajar com as críticas. Neemias nos ensina três coisas importantes aqui:

Primeiro, *não devemos ter uma visão romântica da vida cristã*. O fato de estarmos fazendo a obra de Deus, de acordo com a vontade de Deus, no lugar de Deus, no tempo de Deus, com os recursos de Deus, não significa que vamos ter facilidades. Neemias ainda continua enfrentando ataques de fora e de dentro. Neemias enfrentou três tipos de ataques: 1) Perseguição; 2) Infiltração e 3) Distração. Esses foram os mesmos ataques feitos à Igreja primitiva. Satanás tentou paralisar a obra de Deus despertando a fúria do Sinédrio para perseguir a Igreja, prender os apóstolos, encerrando-os em prisão e ameaçando-os com açoites (At 4). Depois tentou destruir a Igreja infiltrando-se no meio dela, entrando no coração de Ananias e Safira, membros da Igreja, levando-os a mentir ao Espírito Santo. Agora o ataque não era de fora para dentro, mas de dentro para fora (At 5). Finalmente, o diabo tentou estagnar a obra de Deus pela distração. Os apóstolos começaram a servir às mesas e abandonaram a sua missão precípua, a oração e o ministério da Palavra (At 6).

Segundo, *os inimigos são versáteis e estão sempre mudando de tática*. Eles começaram propondo um diálogo perigoso (6.1-4). A lei de Sambalá era a mesma de Napoleão: "Se você não pode com um inimigo, una-se a ele". Contudo, não fomos chamados para dialogar com o inimigo, mas para vencê-los. Depois, fizeram uma insinuação devastadora (6.5-7). O inimigo sempre lança dúvidas sobre nossas motivações. Já que ele não consegue destruir nossa vida, luta para destruir nossa reputação. Finalmente, usaram uma intimidação assustadora (6.7-9). O inimigo ameaça espalhar um boato que chegaria aos ouvidos do rei.

Não ensarilhe as armas. A luta ainda não acabou

Terceiro, _importa continuar a obra de Deus, apesar dos ataques do inimigo_. Neemias não desperdiçou tempo com o inimigo. Ele investiu todo o tempo fazendo a obra. Neemias concluiu a obra em 52 dias porque tinha vida íntegra, confiança em Deus e destreza para trabalhar. Não espere tempos calmos para fazer a obra. Termine o que Deus lhe confiou apesar dos problemas. Os muros foram reerguidos, mas as lutas contra os inimigos jamais cessaram.

O inimigo escondido atrás da religião

O inimigo nunca é tão perigoso como quando vem disfaçado, com palavras lisonjeiras e com propostas sedutoras. O irmão André diz que quando o diabo parece piedoso é melhor você se acautelar.[89] Neemias registra aqui cinco táticas do inimigo para impedir o avanço da obra de Deus:

Em primeiro lugar, _o inimigo infiltra-se no meio do povo de Deus_ (6.10). O inimigo agora está trajado com vestes sacerdotais. Ele não tem mais a cara de um demônio, mas de um santo. Ele não parece mais um ímpio blasfemo, mas um sacerdote piedoso. Quando o diabo fica piedoso e esconde seus dentes de leão, é melhor você se precaver. Cuidado com os lobos vestidos com pele de ovelha. Já que não conseguiram levar Neemias à mesa do diálogo, querem trancá-lo dentro do templo. O inimigo não está mais do lado de fora, mas dentro dos muros. Os muros foram levantados, mas o inimigo ficou do lado de dentro dos muros.

Judas traiu Jesus depois de desfrutar a sua intimidade, de conhecer o Seu caráter, de ouvir os Seus ensinos, de ver os Seus milagres, de saber quem Ele era. Ananias e Safira mentiram ao Espírito Santo depois de verem um poderoso avivamento em Jerusalém, depois de verem a graça de

NEEMIAS – O líder que restaurou uma nação

Deus operando maravilhas no meio da Igreja. De forma semelhante, o sacerdote Semaías tornou-se um espião dentro de Jerusalém, um agente do maligno dentro da Casa de Deus.

Em segundo lugar, *o inimigo usa a Bíblia para tentar* (6.10,11). O diabo também conhece a Bíblia, mas ele a torce e a usa para tentar. Foi assim com Eva no Éden. O diabo também tentou Jesus no deserto citando a Bíblia. Os inimigos, de igual forma, querem destruir Neemias por meio da sua religiosidade. "Já que ameaças não funcionaram, que tal 'uma palavra do Senhor?'"[90] Neemias não era sacerdote, nem levita, portanto, só poderia cometer grave falta, pecado de morte, se entrasse no Templo. Seria uma profanação.[91] Na verdade, Semaías queria que Neemias cometesse o pecado da profanação. Ele queria corromper Neemias, sugerindo a ele um pecado espiritual: esconder-se no templo, mesmo não sendo um sacerdote (Nm 18.7). Se Neemias entrasse no Templo, diriam então: "Olhem como ele é! Para escapar, fugiu para o Templo; é um profano, é um renegado".[92] O mesmo inimigo que queria levar Neemias a uma mesa de conferência para o diálogo, agora quer fechá-lo na Casa do Senhor. O resultado seria o mesmo: a obra seria interrompida.[93]

A expressão *no meio do templo* significa santo dos santos. Só o sumo sacerdote podia entrar ali. O rei Uzias ficou leproso por desrespeitar o templo (2Cr 26.16). Se Neemias tivesse se trancado no templo, possivelmente teria perdido sua vida, sua honra e sua causa.[94] Se Neemias tivesse atendido a essa falsa profecia, teria incorrido no desagrado de Deus e caído na desaprovação do povo. Sua liderança estaria arrruinada. E estariam todos vendidos ao inimigo. Paul Freston diz que o medo ou a falta de fé no cuidado divino pode

Não ensarilhe as armas. A luta ainda não acabou

levar o servo de Deus a fazer coisas reprováveis.[95] A sedução teológica é a mais perigosa e sutil das tentações. O primeiro livro dos reis de Israel registra um episódio em que um profeta foi capaz de rejeitar riquezas e glórias por fidelidade a Deus, mas não conseguiu escapar da sedução teológica. Ele morreu porque acreditou que o profeta velho que lhe falava em nome de Deus era verdadeiramente um enviado de Deus (1Rs 13.1-32). Muitos obreiros têm se desviado da sua fidelidade a Deus porque dão ouvidos àqueles que falam em nome de Deus, mas torcem as Escrituras. Falam em nome de Deus, mas estão a serviço do inimigo usando a Bíblia para tentar e não para edificar.

Neemias percebe que Semaías é um falso profeta porque a sua mensagem não era coerente com as Escrituras (Dt 13.1-5). O conhecimento bíblico de Neemias o salva. O inimigo propõe livrar Neemias da morte, levando-o a pecar. Mas o pecado é pior do que a morte. A morte não nos separa de Deus, mas o pecado nos separa de Deus agora e eternamente.

Em terceiro lugar, *o inimigo usa a religião para o lucro* (6.12). Semaías era um profeta. No entanto, ele vendeu sua consciência, seu ministério, sua vocação por dinheiro. Ele está usando a religião para se enriquecer. Semaías deixou-se subornar pelo poder econômico. Ele passou para o lado do inimigo por causa do dinheiro. Ele usou a Bíblia para enganar e para tentar. Ele usou o sagrado para levar os outros a transgredir. Ele usou a religião como um comércio, para o lucro, para o enriquecimento pessoal. Estamos estarrecidos ao ver florescer em nossa nação o comércio do sagrado. Muitos templos estão se transformando em feiras de comércio, os púlpitos estão sendo transformados em balcões de negócio, o evangelho está se transformando em

NEEMIAS – O líder que restaurou uma nação

produto de consumo e os crentes estão sendo vistos como consumidores vorazes. É uma conspiração contra a verdade de Deus e um atentado contra o evangelho da graça esse comércio inescrupuloso que faz os cambistas do templo de Jerusalém se sentirem meros aprendizes.

Em quarto lugar, *o inimigo usa a falsa profecia para impressionar* (6.10). Ele faz uma afirmação: "virão matar-te". Ele coloca um tom de urgência, de gravidade, de pressa: "aliás, de noite virão matar-te". Ele oferece uma alternativa ilegítima, pecaminosa: "Vamos juntamente à Casa de Deus, ao meio do templo, e fechemos as portas do templo...".

A principal arma do diabo é a mentira. Ele amedronta as pessoas. Ele intimida os fracos. Ele faz ameaças assustadoras. Muitos, por não conhecerem a Deus, vivem amedrontados pelo diabo. O presidente Franklin Roosevelt conduziu os americanos durante uma grande depressão econômica e chefiou o país durante a Segunda Guerra Mundial. Ele é especialmente lembrado por uma frase que disse num de seus grandes comícios: "Não temos nada a temer a não ser o próprio medo".[96] Semaías, como profeta, deixa de ser boca de Deus para ser arauto de Satanás. Em vez de pregar a Palavra, ele usa a Palavra para ganhar dinheiro e enganar. Ele prostituiu o seu ministério e vendeu sua consciência. Há muitas pessoas hoje profetizando em nome de Deus, guiando os neófitos com sonhos, visões e revelações forâneas às Escrituras. São falsos profetas que nunca foram enviados por Deus, que torcem a Palavra de Deus e fazem errar os incautos.

Em quinto lugar, *o inimigo usa todas as armas para macular a honra do povo de Deus* (6.13). O bom nome vale mais do que a riqueza. A vida do líder é a vida da sua liderança. Se Neemias caísse na armadilha de Semaías, ele

Não ensarilhe as armas. A luta ainda não acabou

seria exposto ao opróbrio. O inimigo sabe tirar proveito das suas falhas. O diabo e suas hostes trabalham diuturnamente para fazer você tropeçar e depois que você cai, ele joga lama no seu rosto. Vigie! O inimigo tem um arsenal variado e estratégias diferentes. Quantos líderes têm caído!

O inimigo escondido atrás do poder econômico (6.17-19)

A batalha espiritual tem diversas frentes e o inimigo tem diferentes armas e estratagemas. Aqui, Neemias, menciona duas maneiras diferentes que ele usou para atacar o povo de Deus:

Em primeiro lugar, *o inimigo instala o seu quartel-general dentro do templo* (6.10-13). Que método ele usou para infiltrar-se na própria Casa de Deus?

Primeiro, por intermédio do casamento (13.4-9). Tobias conseguiu fazer alianças com o povo de Deus por meio de casamentos. Muitos casamentos foram feitos com fins políticos e religiosos como o casamento de Acabe e Jezabel e o casamento de Jeorão e Atalia. Daniel 11 fala dos reis selêucidas e ptolomaicos que fizeram casamentos políticos. Aqui, também, há uma aliança espúria. Os inimigos do povo de Deus estão com um pé dentro do templo. Têm laços de sangue com o povo de Deus. Estão mancomunados com pessoas estratégicas. Mais tarde, Tobias se muda para dentro do templo.

Segundo, por meio do suborno (6.12). Os profetas de Jerusalém falam mentiras para engordar o seu orçamento. Não são poucos os ministros que têm mercadejado a Palavra de Deus numa volta vergonhosa às indulgências da Idade Média. Há pastores que inescrupulosamente têm feito da igreja uma empresa familiar, do púlpito um balcão de comércio, do templo uma praça de barganha, do evangelho um produto e dos crentes consumidores.

Em segundo lugar, *o inimigo instala-se no centro nervoso do poder econômico* (6.17-19). Havia um concubinato estranho e criminoso entre os inimigos de fora e os nobres de dentro. Um esquema de conchavo e corrupção estava instalado dentro dos muros de Jerusalém. A crise e a miséria da cidade estavam sendo fonte de lucro para os ricos. A crise interessa àqueles que vivem para explorar o próximo. Esse fato pode ser observado por quatro razões:

Primeira, os nobres eram usurários (5.7). Eles lucravam com a pobreza do povo. A reconstrução dos muros não interessava aos inimigos de fora nem aos ricos de dentro de Jerusalém. Muitos lucram com a pobreza do povo. Os avarentos aproveitavam o desespero do pobre para fazer negócios lucrativos e assim tomar todos os seus bens.

Segunda, os nobres eram desleais (6.17). Eles mantinham contato com os inimigos do povo. Eles eram traidores do povo. Os nobres estavam mantendo boas relações com os inimigos do povo, escrevendo e recebendo cartas de Tobias. Eles queriam desestabilizar Neemias e amedrontar o povo.

Terceira, os nobres eram traidores (6.19). Eles faziam altos elogios ao inimigo diante de Neemias. Que boas ações eram essas de Tobias? Qual era a intenção desses nobres? Diminuir Neemias? Enfrentá-lo? Resisti-lo? Ferir-lhe a alma? Neemias sabia qual era o objetivo das cartas de Tobias: atemorizá-lo (6.19).

Quarta, os nobres eram delatores (6.19). Eles tornaram-se espiões e informaram os inimigos acerca de Neemias. Tobias sabia de tudo o que estava acontecendo. Os inimigos tinham informantes no meio do povo de Deus. Os nobres eram delatores. O muro estava pronto, mas eles queriam agora destruir o governador. Eles queriam subverter a ordem.

Não ensarilhe as armas. A luta ainda não acabou

O inimigo vencido pela intervenção de Deus (6.10-19)

Duas verdades fundamentais nos chamam a atenção nessa intervenção divina:

Em primeiro lugar, *a obra de Deus avançou e foi concluída apesar dos vários ataques do inimigo* (6.15). Podemos destacar três fatores que contribuíram para a conclusão da obra em Jerusalém: Primeiro, a liderança de Neemias. O muro foi concluído porque um homem pagou o preço, se importou, chegou perto, sacrificou-se, coordenou, encorajou e protegeu o povo. Segundo, a ação do povo. O muro foi construído com a participação efetiva de todos, grandes e pequenos, homens e mulheres, ricos e pobres. A obra é grande e necessita da cooperação de todos. Terceiro, a intervenção de Deus. Até mesmo os inimigos reconheceram que o sucesso da obra só podia ser pela intervenção de Deus (6.16). Quando o povo de Deus se dispõe a trabalhar, o impossível de Deus acontece.

Em segundo lugar, *a conclusão da obra trouxe alegria para o povo de Deus e abatimento para o inimigo* (6.16). Esse fato auspicioso produziu dois efeitos importantes: Primeiro, mudou o foco do medo. Até aqui, os inimigos é que estão tentando intimidar Neemias e o povo. Eles estão vociferando e fazendo ouvir suas bravatas. Mas agora eles é que estão cheios de medo. Se Deus é por nós, quem será contra nós? Somos irresistíveis! Segundo, mudou o foco da auto-estima. Antes, os inimigos menosprezavam os judeus, chamando-os de judeus fracos (4.1-3). Mas agora são eles que estão com a auto-estima no chão: "decaíram muito no seu próprio conceito; porque reconheceram que por intervenção de nosso Deus é que fizemos esta obra" (6.16).

NEEMIAS – O líder que restaurou uma nação

As armas usadas para derrotar o inimigo (6.10-16)

Ninguém vence o inimigo sem estar preparado. Com Neemias não foi diferente. Vejamos as armas usadas por ele:

Em primeiro lugar, *Neemias usou a arma da coragem* (6.11). Quem teme a Deus não tem medo do inimigo. Neemias temia a Deus, por isso nunca se acovardou diante das bravatas do inimigo (5.15). A coragem de Neemias não era inconseqüente. Ele estava estribado no conhecimento de Deus, no seu caráter impoluto, na sua motivação pura, na sua obra abnegada. Quando você está fazendo a obra de Deus e enfrentando pressões de fora e de dentro, há uma forte tendência de fugir, de deixar a obra, de abandonar seu posto. Não fuja! Disseram para Lutero antes da Dieta de Worms: "Não vá Lutero, eles vão acabar com você. Você precisa fugir". Diante do imperador, Lutero disse: "Aqui estou, não tenho alternativa. Que Deus me ajude".

Em segundo lugar, *Neemias usou a arma do conhecimento da Palavra de Deus* (6.11). Foi o conhecimento da Bíblia que salvou Neemias de cair no engano de um falso profeta. Neemias não era sacerdote nem levita. Ele sabia que não podia entrar no lugar santo sem transgredir a lei. Neemias percebeu que Semaías era um falso profeta porque a sua mensagem não era coerente com as Escrituras (Dt 13.1-5). O conhecimento bíblico de Neemias o salva.[97]

Em terceiro lugar, *Neemias usou a arma do discernimento espiritual* (6.12). O discernimento espiritual vem do conhecimento da Palavra e da comunhão com o Deus da Palavra. O bom discernimento precede as boas decisões.[98] Neemias compreendeu que se um profeta está falando em nome de Deus, em desacordo com a Escritura, não pode ser um profeta legítimo. Antes, é um falso profeta. Neemias

Não ensarilhe as armas. A luta ainda não acabou

não é enganado porque sua vida é regida pelos princípios da Palavra de Deus. Aqueles que torcem a Palavra, negando sua inerrância e suficiência e usando-a para fins lucrativos, são falsos profetas. Precisamos nos acautelar, pois Deus está contra eles (Ez 13.17-23).

Em quarto lugar, *Neemias usou a arma da integridade espiritual* (6.13). Neemias compreende que a sua vida é a vida do seu ministério. Ele só pode ficar em pé diante dos homens se permanecer firme diante de Deus. O caráter é mais importante do que o carisma. Importa-nos ser fiéis, não importa viver. Os amigos de Daniel disseram: "Se o nosso Deus, a quem servimos, quer livrar-nos, ele nos livrará da fornalha de fogo ardente e das tuas mãos, ó rei. Se não fica sabendo, ó rei, que não serviremos a teus deuses, nem adoraremos a imagem de ouro que levantaste" (Dn 3.17,18). Ser fiel a Deus é mais importante do que viver. É melhor morrer como um mártir do que viver como um apóstata. Nós servimos a Deus não pelo que Ele nos dá, mas por quem Ele é.

Em quinto lugar, *Neemias usou a arma da oração* (6.14). Neemias foi um homem de oração (1.4; 2.4; 4.4,5; 5.19; 6.9; 6.14). Mesmo sendo um líder forte, prático, visionário, ele buscava sempre a força do alto, a direção de Deus. Neemias pede proteção contra os inimigos de fora e de dentro. Há ataques de fora e falsos profetas de dentro. Não podemos resistir os inimigos e ter vitória nessa batalha sem andarmos em sintonia com Deus através da oração.

Em sexto lugar, *Neemias usou a arma do trabalho perseverante* (6.15). Depois de muita oração, jejum, planejamento, trabalho, pressões de fora e ataques de dentro, ouve-se o hino da vitória triunfal: "Acabou-se, pois, o muro aos vinte e cinco dias do mês de elul, em cinqüenta e dois dias". Essa foi uma vitória da determinação e da singeleza de propósito. Sem esforço não há grandes realizações para Deus, diz Paul Freston.[99]

Finalmente, *Neemias reconheceu que a vitória vem de Deus* (6.16). Neemias podia atrair para si os louros da vitória. Ele podia aproveitar o momento para se promover aos olhos do povo. Mas ele reconhece aquilo que até os inimigos são obrigados a confessar: a conclusão da obra é resultado da intervenção de Deus. A força é de Deus, o livramento vem de Deus e a glória deve ser dada a Deus.

Depois da vitória, não podemos ensarilhar as armas. O muro está concluído, mas a luta continua. Paulo diz: "[...] e depois de vencerdes tudo, permanecei inabaláveis" (Ef 6.13). Neemias triunfou sobre os inimigos e tirou a sua nação do opróbrio por três marcas: Primeira, *seu caráter.* O que Neemias era diante de Deus o firmou como líder diante do povo. A vida do líder é a sua maior arma e o nome do líder é o seu maior patrimônio. Quando se perde o caráter, sacrificam-se ideais, transige-se com a verdade e busca-se as vantagens a qualquer preço. Segunda, *sua confiança.* Ele enfrentou toda a oposição porque tinha consciência do seu chamado e convicção de que Deus estava do seu lado naquela empreitada. Sua confiança em Deus livrou-o de ser uma estrela ou de viver debaixo das botas do inimigo. Terceira, *sua coragem.* Neemias não tinha medo de morrer, só tinha medo de pecar. Nada nem ninguém o demovia de sua determinação porque sua coragem o ajudou a transformar problemas em oportunidades e provações abertas em triunfos pessoais.

Não ensarilhe as armas. A luta ainda não acabou

Notas do capítulo 10

[88] YOUSSEF, Michael. *O estilo de liderança de Jesus*. Venda Nova, MG: Betânia, 1987, p. 142.

[89] Irmão André. *Edificando um mundo em ruínas*, p. 134.

[90] FRESTON, Paul Freston. *Neemias: Um profissional a serviço do Reino*, p. 52.

[91] MESQUITA, Antonio Neves de. *Estudo nos livros de Crônicas, Esdras, Neemias e Ester*, p. 271.

[92] Loc. cit.

[93] Irmão André. *Edificando um mundo em ruínas*, p. 134.

[94] KIDNER, Derek. *Esdras e Neemias*, p. 109.

[95] FRESTON, Paul. *Neemias: Um profissional a serviço do Reino*, p. 52.

[96] YOUSSEF, Michael. *O estilo de liderança de Jesus*, p. 94.

[97] FRESTON, Paul. Neemias: *Um profissional a serviço do Reino*, p. 52.

[98] MAXWELL, John C. *21 minutos de poder na vida de um líder*, p. 367.

[99] FRESTON, Paul. Loc. cit.

Capítulo 11

O fortalecimento da cidade de Deus
(Neemias 7.1-73)

ESTE TEXTO, À PRIMEIRA VISTA, parece árido. Há uma lista quase interminável de nomes difíceis. Mas por trás desses nomes há grandes verdades espirituais. Como interpretar este texto? Como descobrir suas riquezas? Como podemos aprender lições práticas a partir dessa extensa lista de nomes? Cyril Barber nos ajuda citando o ilustre professor Howard Hendriksen: "Quando você estiver enfrentando um problema de interpretação, suba numa árvore contextual".[100] Foi isso o que Neemias fez e por isso nos ensina algumas lições preciosas:

Em primeiro lugar, *ele fala sobre o propósito da volta dos exilados.* Neemias procurou a restauração de Jerusalém em dois níveis: a restauração física, pois as portas estavam queimadas, muros quebrados e o povo assolado por grande miséria e opróbrio. Neemias procurou, também, a restauração espiritual. Para reconstruir os muros demorou apenas 52 dias, mas para reconstruir a vida espiritual do povo, levaram-se anos.

Em segundo lugar, *ele fala sobre o número dos exilados que voltaram*. Ao todo eram 42.360 pessoas, com seus pertences domésticos e mais os utensílios do templo. A viagem de retorno foi perigosíssima. Eles seguiram o curso do rio Eufrates, num percurso de 1.300km, através de imensos nevoeiros de areia e sujeitos a serem assaltados.[101] Essa viagem durou cinco meses (Ed 7.8,9). Além da multidão, havia ainda 7.336 servos, além de muitos animais.

Em terceiro lugar, *ele fala sobre o significado da volta dos exilados*. Essa volta representou a manutenção da fé judaica no Deus vivo, com seus princípios que governam o mundo até hoje. Não era apenas um bando de escravos que retornava, mas uma civilização com seus princípios doutrinários.[102] Esse acervo é o maior patrimônio da humanidade. São as riquezas espirituais e morais do povo eleito de Deus. A adoração era a razão de ser de Jerusalém.[103]

Em quarto lugar, *ele fala sobre a estruturação da vida dos exilados* (7.1). Neemias restaurou os muros da cidade e também a ordem na cidade. As pessoas sabiam o que deviam fazer na construção do muro e depois da construção do muro.

A proteção da cidade (7.1-4)

Para proteger a cidade contra os adversários que a rodeavam, Neemias tomou algumas medidas práticas. Essas medidas são princípios para nós ainda hoje:

O fortalecimento da cidade de Deus

Em primeiro lugar, *coloque as pessoas certas nos lugares certos* (7.2). Neemias era o governador, um homem de grande tino administrativo. Ele conseguiu tirar a cidade dos escombros, mesmo sob fortes pressões externas e internas num tempo recorde. Agora que os muros estão levantados, é preciso proteger a cidade. Neemias precisa fazer nomeações. Quais são os critérios que ele vai usar? Que tipo de gente ele vai nomear? Neemias nomeia dois homens pela dignidade do caráter bem como pela grande competência. Cyril Barber cita o conselho do presidente americano Franklin Roosevelt:

> O melhor executivo é aquele que tem bom senso em escolher bons homens para executar o que ele quer que se faça, e autocontrole suficiente para não se intrometer com eles quando eles estiverem executando.[104]

Em segundo lugar, *escolha homens que buscam os interesses dos outros mais do que os seus próprios* (7.2). Hanani era irmão de Neemias. Ele voltou com os exilados na época de Esdras. Ao perceber a ruína de Jerusalém, ele vai a Susã encontrar-se com Neemias. Ele é a ponte entre o caos da cidade e a sua restauração. Ele leva a Neemias o retrato da cidade: falta de proteção, falta de justiça, pobreza e opróbrio. Hanani era um homem corajoso e abnegado. Havia uma cerrada oposição ao redor e um decreto do rei contrário à reconstrução da cidade (Ed 4.16). Ele expõe sua própria vida, porque é um homem que pensa nos outros mais do que em si mesmo.

Em terceiro lugar, *escolha homens que tenham valores absolutos* (7.2). Hananias tinha três características: Primeiro, ele era um homem fiel a Deus, "...temente a Deus". Hananias distinguia-se pela sua piedade. Ele levava Deus

NEEMIAS – O líder que restaurou uma nação

a sério. Quem teme a Deus não teme os perigos nem os desafios. Quem teme a Deus não vive atrás de elogios nem se desanima por causa das críticas. Quem teme a Deus não se corrompe nem busca holofotes. Havia fortes pressões internas e externas e só um homem temente a Deus podia cuidar da cidade. Segundo, ele era um homem fiel aos seus irmãos. "Hananias era homem fiel...". Ele tinha valores absolutos. Não se deixava corromper. Era homem íntegro, honesto, digno de confiança. Terceiro, ele era um homem experimentado: "...e Hananias, maioral do castelo, sobre Jerusalém". Hananias já tinha demonstrado fidelidade nas pequenas coisas. Ele podia comandar porque tinha aprendido também a obedecer. Ele foi graduado na escola da humildade.

Em quarto lugar, *tome medidas firmes para proteger a cidade de Deus.* Três expedientes foram tomados por Neemias: Primeiro, cuide das portas (7.3). Não adianta ter muros levantados se não vigiarmos as portas. Por elas as pessoas entram e saem. Devemos ser guardiões da cidade de Deus. O apóstolo Paulo exortou os presbíteros de Éfeso a se acautelarem a respeito dos lobos que querem entrar e dos homens pervertidos que querem sair arrastando consigo os discípulos (At 20.29,30). Segundo, proteja os muros (7.3). Mesmo depois de trancadas as portas, os guardas precisavam proteger a cidade como sentinelas sobre os muros (Is 62.6,7). Os ladrões não passam pelas portas. Eles são salteadores (Jo 10.1). Terceiro, vigie a sua casa (7.3). Os vigias deviam guardar a cidade, defronte da sua casa. Cada um precisa velar pela sua própria família. Devemos tomar conta dos nossos porque, do contrário, não podemos tomar conta da Igreja de Deus (1Tm 3.5).

O fortalecimento da cidade de Deus

O crescimento da cidade (7.4-69)

Que princípios podemos aprender com essa longa lista de nomes registrados neste capítulo?

Em primeiro lugar, _não jogue fora o seu passado_ (7.5). Nossas raízes são importantes. Temos uma memória, um passado; estamos ligados a uma rica herança. Vivemos um tempo de perda de memória, uma espécie de amnésia histórica. Não sabemos quem somos, porque não sabemos de onde viemos. Não podemos amar o que não conhecemos. Sem o conhecimento da história não daremos valor ao legado que recebemos. Ficar sem raízes, anônimo, era a última coisa que um israelita poderia desejar. Se quisermos avançar com segurança para o futuro precisamos estar comprometidos com as raízes do passado.

Em segundo lugar, _a cidade de Deus precisa crescer, mas não a qualquer preço_ (7.4). Não bastam boas e sólidas estruturas físicas, a cidade agora precisa crescer. Neemias procurava novos moradores para a cidade, mas não convinha permitir a entrada de pessoas não genuinamente judias.[105] A cidade era espaçosa, mas havia poucos moradores. Jerusalém parecia uma cidade fantasma.[106] Os espaços vazios na cidade facilitavam emboscadas do inimigo. Havia muito espaço em Jerusalém. A cidade precisava crescer, mas não a qualquer custo. Neemias faz um censo. O povo não é apenas uma grande multidão, mas uma assembléia de adoradores. Eles são o povo de Deus, uma geração santa, que vive para adorar a Deus. Mas eles devem adorar a Deus de acordo com os princípios da Palavra de Deus. A adoração era a razão de ser de Jerusalém e não os muros ou as casas. Deus e não o homem deveria ser o centro da cidade. O pragmatismo com a sua numerolatria está em voga hoje. Muitos pregadores abandonaram a pregação bíblica para

NEEMIAS – O líder que restaurou uma nação

alcançar um número maior de pessoas. Pregam o que o povo quer ouvir e não o que ele precisa ouvir. Pregam para agradar e não para conduzir ao arrependimento. Pregam sobre cura e prosperidade e não sobre salvação. Desta forma, multidões estão entrando para a igreja sem conversão. A Palavra de Deus tem sido deixada de lado para atrair as pessoas e isso é um mal.

Em terceiro lugar, *a cidade de Deus precisa crescer, mas não sem organização* (7.5-69). Neemias demonstra grande organização e zelo. Ele divide as 42.360 pessoas por famílias, lugares e profissões.

O crescimento não pode ser desordenado. Como, então, ele foi feito? Primeiro, por famílias (7.5-24). Essa lista representa os chefes de clãs regionais, antigos chefes do povo. Segundo, por cidades (7.25-38). Os filhos de Gibeom, de Belém, de Anatote, de Betel etc., até os filhos de Jericó. Vemos aqui como cada cidade deu os seus varões ilustres para o serviço da nação. Terceiro, por lista de sacerdotes (7.39-42). Israel tinha um profundo respeito e cuidado com os ancestrais. A linha sacerdotal desde que instituída por Moisés ainda mantinha-se intacta. Quarto, por lista de levitas (7.43-45). Apenas 341 levitas regressaram a Judá, quando o número deveria ser de milhares. Esdras registra o seu empenho para trazer os levitas (Esdras 8.15-20). Entre os levitas estavam os cantores e os porteiros. Quinto, por lista dos servidores do templo (7.46-56). Esses cuidavam dos tesouros do templo, no que concernia o sustento dos sacerdotes. Sexto, por lista dos servidores de Salomão (7.57-60). Eram usados em serviços seculares e pesados, como rachadores de lenha, puxadores de água. Finalmente, por lista dos que perderam a linhagem (7.61-65). Foram considerados imundos e não puderam exercer o sacerdócio.

O fortalecimento da cidade de Deus

Em quarto lugar, *a cidade de Deus precisa crescer pela participação de cada um de acordo com a sua função* (7.5-69). Cada um devia exercer o seu trabalho de acordo com o chamado de Deus, de acordo com sua vocação: os sacerdotes, os levitas, os servidores do templo, os servos de Salomão. Cada um conhecia a sua vocação e desempenhava o seu trabalho. O crescimento da Igreja exige a participação de todos. Todos são importantes. Neemias tanto chama pelo nome os líderes, os sacerdotes, quanto também os servos. Cada um de nós tem um trabalho especial a realizar para o crescimento da Igreja. Os dons são diversos, mas o corpo é o mesmo. Há uma diversidade de dons, mas uma unidade de propósito. Nesse projeto, somos parceiros e não rivais. Trabalhamos todos para a glória de Deus e a expansão do seu Reino.

Em quinto lugar, *a cidade de Deus precisa crescer, mas não com o sacrifício dos princípios bíblicos* (7.64). Neemias compreendia que o sacerdócio não podia ser exercido por alguém que não fosse da descendência de Arão: "[...] nenhum estranho, que não for da descendência de Arão, se chegue para acender incenso perante o Senhor; para que não seja como Coré e o seu grupo, como o Senhor tinha dito a Moisés" (Nm 16.40). Se o sacerdócio estiver corrupto, sua influência finalmente destruirá a fibra moral e espiritual do povo. Um sacerdócio puro é fundamental se o povo quer ter um relacionamento correto com Deus.[107] Isso tem uma profunda aplicação hoje. Muitos pastores não podem provar que pertencem ao povo de Deus. Nem todos os de Israel são verdadeiros israelitas. Muitos daqueles que sobem aos púlpitos evangélicos não dão prova de novo nascimento. Alguns deles estão comprometidos com falsas doutrinas. Destilam não o néctar da verdade, mas

NEEMIAS – O líder que restaurou uma nação

alimentam o povo com o absinto da heterodoxia e a palha de doutrinas de homens. Outros ainda espalham a partir das cátedras e dos púlpitos o mais letal veneno da heresia, pisoteando a verdade e devorando como lobos o rebanho. Esses náufragos na fé, mentores de enganos, casam-se com falsas doutrinas e corrompem o sacerdócio.

Neemias era governado por princípios bíblicos. Foram os princípios bíblicos que o livraram dos laços de uma falsa profecia. Agora são os princípios bíblicos que o livram de corromper o sacerdócio.

O sustento da obra de Deus na cidade (7.70-73)

O crescimento da Igreja de Deus é tarefa de todos. O crescimento da cidade de Jerusalém lança alguns princípios importantes para nós:

Em primeiro lugar, vejamos *o exemplo do governador* (7.70). Neemias é um governador desprendido. Ele ocupa o seu cargo não para explorar o povo, mas para servi-lo. Ele abriu mão do seu alto e cobiçado posto em Susã e dispôs-se a enfrentar fortes pressões externas e internas em Jerusalém. Ele enfiou a mão no bolso para socorrer os pobres e agora está investindo seu dinheiro na manutenção da obra de Deus.

Em segundo lugar, vejamos *o exemplo dos líderes* (7.70,71). Se quisermos ver a obra de Deus prosperando, os líderes precisam ser os primeiros a participar, inclusive na contribuição financeira. Os chefes de famílias deram voluntariamente, generosamente.

Em terceiro lugar, vejamos *a participação de todo o restante do povo* (7.72). Quando a liderança dá o exemplo, normalmente o povo segue os seus passos. O povo também contribuiu para o sustento da obra de Deus. O melhor

O fortalecimento da cidade de Deus

investimento é aquele que fazemos na obra de Deus. Na antiga dispensação a obra de Deus estava centralizada no templo: os sacerdotes, os levitas, o culto, os sacrifícios. Hoje a obra de Deus se expande para o mundo todo. Muito mais razão temos nós hoje para constribuirmos voluntária e liberalmente.

Concluindo, podemos afirmar que a conduta de Neemias nos ensina quatro princípios importantes:[108]

Primeiro, *precisamos treinar pessoas para exercer a liderança.* Hanani e Hananias eram homens que aprenderam com Neemias e foram fiéis a ele, por isso estavam preparados para ocupar postos de liderança no meio do povo de Deus. Ofereça diretrizes claras ao delegar responsabilidades.

Segundo, *precisamos de líderes abertos à direção de Deus* (7.5). Neemias era um homem de oração e também um homem da Palavra. Por isso podia discernir com clareza a orientação de Deus na sua vida.

Terceiro, *precisamos de uma liderança espiritual adequada.* Não abra mão dos princípios de Deus. Não relativize as Escrituras. Não aceite o ministério de um sacerdócio ilegítimo.

Finalmente, *precisamos sustentar dignamente a obra de Deus.* Deus estabeleceu os dízimos e as ofertas para que haja mantimento em sua Casa. Templos precisam ser construídos, missionários precisam ser enviados, Bíblias precisam ser traduzidas e distribuídas, novos campos precisam ser abertos, a obra social precisa ser feita, obreiros precisam ser sustentados. A obra de Deus em toda a terra precisa ser devida e dignamente sustentada. Essa tarefa compete a todos nós.

NEEMIAS – O líder que restaurou uma nação

NOTAS DO CAPÍTULO 11

[100] BARBER, Cyril J. *Neemias e a dinâmica da liderança eficaz*, p. 99.

[101] MESQUITA, Antonio Neves de. *Estudo nos livros de Crônicas, Esdras, Neemias e Ester*, p. 223.

[102] Ibid., p. 224.

[103] KIDNER, Derek. *Esdras e Neemias*, p. 111.

[104] BARBER, Cyril J. *Neemias e a dinâmica da liderança eficaz*, p. 102.

[105] MESQUITA, Antonio Neves de. *Estudo nos livros de Crônicas, Esdras, Neemias e Ester*. p. 272.

[106] Loc. cit.

[107] BARBER, Cyril J. *Neemias e a dinâmica da liderança eficaz*, p. 103.

[108] BARBER, Cyril J. *Neemias e a dinâmica da liderança eficaz*, p. 104-105.

Capítulo 12

A restauração promovida pela Palavra de Deus
(Neemias 8.1-18)

A MAIOR REFORMA que Neemias implementou em Jerusalém foi a restauração da autoridade da Palavra de Deus sobre o povo. Sem essa restauração, Jerusalém seria absolutamente vulnerável. O grande impacto causado pela leitura da Bíblia por Esdras é comparável ao impacto da Bíblia na época da Reforma, diz Paul Freston.[109]

Há uma profunda conexão entre o ensino fiel das Escrituras e o reavivamento. Sempre que a Palavra de Deus é exposta com poder há uma profunda manifestação do Espírito, gerando despertamento espiritual na vida do povo e crescimento da Igreja. Tom Rainer, em sua pesquisa entre 576 igrejas batistas dos Estados Unidos, chegou à conclusão que a pregação é o principal fator para o crescimento saudável da igreja.[110]

O crescimento da igreja é um dos temas mais discutidos na atualidade. Todo pastor anseia ver sua igreja crescer. A igreja sadia deve crescer, precisa crescer. Se ela não cresce, é porque está enferma. Fidelidade e esterilidade não podem viver juntas sem grandes conflitos. Concordo com Rick Warren, quando afirma: "Pergunta errada: o que fará nossa igreja crescer? Pergunta certa: o que está impedindo nossa igreja de crescer?"[111]

Na busca do crescimento da igreja, há dois extremos perigosos que devem ser evitados. O primeiro deles é a *numerolatria*. É a idolatração dos números. É crescimento como um fim em si mesmo. É o crescimento a qualquer preço. Hoje vemos muita adesão e pouca conversão, muito ajuntamento e pouco quebrantamento. Estranhamente, vemos a pregação da fé sem o arrependimento e da salvação sem a conversão. O segundo é a *numerofobia*. É o medo dos números. É a desculpa infundada da qualidade sem quantidade. A qualidade gera quantidade. A igreja é um organismo vivo. Quando ela prega a Palavra com integridade e vive em santidade, Deus dá o crescimento. Não há colheita sem semeadura.

Há quatro desvios em relação às Escrituras que são verdadeiros perigos que atentam fortemente contra o crescimento saudável da igreja:

Em primeiro lugar, *o liberalismo teológico*. O liberalismo tenta esvaziar a Escritura, desacreditando sua veracidade, negando, assim, sua inerrância. Onde ele chega, mata a igreja. Ele começa nas cátedras, desce aos púlpitos e daí mata as igrejas. Há muitas igrejas mortas na Europa,

A restauração promovida pela Palavra de Deus

América do Norte e também no Brasil. Há alguns anos, visitei o Seminário de Princeton, em New Jersey, Estados Unidos. Aquele seminário já foi um dos maiores baluartes da ortodoxia, um dos maiores centros de treinamento de obreiros e missionários do mundo. Hoje, infelizmente, está profundamente influenciado pelo liberalismo teológico. Visitei a livraria do seminário onde estavam expostos os livros que os alunos deveriam estudar naquele ano. Não encontrei sequer um livro de linha ortodoxa. Fiquei pasmo quando li um artigo de uma teóloga que fazia pesadas críticas à Igreja evangélica brasileira por não considerar o candomblé uma vertente legítima da fé cristã.

Em segundo lugar, o *sincretismo religioso*. O sincretismo tenta esvaziar a Escritura acrescentando a ela o experiencialismo, negando, assim, sua suficiência. Nossa cultura é profundamente mística. Somos uma mistura de raças e de crenças como a pajelança indígena, a idolatria do romanismo, o cardecismo europeu e os cultos afro-brasileiros. Hoje muitas igrejas mudaram o rótulo, mas mantêm o povo preso ao mesmo misticismo: sal grosso, óleo santo, copo d'água em cima da televisão e quejandos.

Em terceiro lugar, a *ortodoxia morta*. A ortodoxia morta esvazia a autoridade da Escritura, pois embora creia na sua infalibidade, não a coloca em prática. A vida do pregador fala mais alto que os seus sermões. A ação fala mais alto que as palavras. Exemplos influenciam mais que preceitos.[112] E. M. Bounds disse que homens mortos tiram de si sermões mortos e sermões mortos, matam. Lutero dizia que sermão sem unção endurece o coração. Antônio Vieira diz que devemos pregar aos ouvidos e aos olhos. Precisamos ser boca de Deus. A. N. Martin diz que a pregação poderosa está enraizada no solo da vida do pregador.[113] Charles Haddon Spurgeon alertava os seus alunos dizendo-lhes que o mais maligno servo de Satanás é o ministro infiel do evangelho.[114]

Em quarto lugar, a *superficialidade no púlpito*. O analfabetismo bíblico esvazia a Escritura por não lhe dar o devido valor. Muitos pastores são preguiçosos, não estudam, não alimentam o povo com a Palavra. Dão palha em vez de pão ao povo. Outros alimentam o povo de Deus com uma sopa rala feita dos mesmos ossos. Não é sem motivo que vemos tantos crentes desnutridos espiritualmente, em busca de algo que lhes sacie a fome.

O analfabetismo bíblico esvazia a Escritura por não lhe dar o devido valor. Falta fome da Palavra na igreja evangélica. O missionário Ronaldo Lidório, trabalhando entre os Konkombas, em Ghana, experimentou grandes maravilhas divinas como resultado da pregação da Palavra. Em nove anos de trabalho missionário, plantou 23 igrejas com cinco mil pessoas convertidas entre tribos animistas e feiticeiras. Os céus se fenderam e Deus desceu com grande poder, curando enfermos, salvando feiticeiros e libertando cativos. Ronaldo traduziu o Novo Testamento para a língua nativa desse povo até então não alcançado pelo Evangelho. Antes do Novo Testamento ser vertido para a língua konkomba, uma mulher de sessenta anos fez uma viagem de quatro dias a pé até a aldeia onde morava o missionário Ronaldo para decorar treze versículos da Palavra de Deus. Ao regressar para a sua casa, depois de dois dias de viagem, esqueceu-se de um versículo. Ela só conseguia se lembrar de doze; então, regressou do meio do caminho e voltou à aldeia onde estava o missionário para memorizar o versículo perdido e justificou: "A Palavra de Deus é muito preciosa para ficar perdida no meio do caminho".

Nesse contexto, Neemias 8 é um grande modelo da pregação que produz o verdadeiro crescimento espiritual.

A restauração promovida pela Palavra de Deus

Martin Lloyd-Jones disse que a pregação é a tarefa mais importante do mundo, a maior necessidade da igreja e a maior necessidade do mundo. Calvino entendia que o púlpito é o trono de onde Deus governa a sua igreja.[115]

O ajuntamento para ouvir a Palavra de Deus (8.1,2)

O ajuntamento do povo para ouvir a Palavra de Deus tem quatro características distintas que devem servir de modelo para a igreja contemporânea:

Em primeiro lugar, _é espontâneo_ (8.1). Deus moveu o coração do povo para reunir-se para buscar a Palavra de Deus. Eles não se reuniram ao redor de qualquer outro interesse. Hoje o povo busca resultados e não a verdade; coisas materiais e não a Deus; benefícios pessoais e não a Palavra de Deus. Querem as bênçãos de Deus, mas não o Deus das bênçãos. Têm fome de prosperidade e sucesso, mas não têm fome da Palavra.

Em segundo lugar, _é coletivo_ (8.2,3). Todo o povo, homens e mulheres, reuniram-se para buscar a Palavra de Deus. Ninguém ficou de fora. Pobres e ricos, agricultores e nobres, homens e mulheres, jovens e crianças. Eles tinham um alvo em comum: buscar a Palavra de Deus. Precisamos ter vontade de nos reunir não apenas para ouvirmos cantores famosos ou pregadores conhecidos, mas reunirmo-nos para ouvir a Palavra de Deus. O centro do culto é a pregação da Palavra de Deus.

Em terceiro lugar, _é harmonioso_ (8.1). "Todo o povo se ajuntou como um só homem" (8.1). Não havia apenas ajuntamento, mas comunhão. Não apenas estavam perto uns dos outros, mas eram unidos de alma. A união deles não era em torno de encontros sociais, mas em torno da Palavra de Deus.

NEEMIAS – O líder que restaurou uma nação

Em quarto lugar, *é proposital* (8.1): "[...] e disseram a Esdras, o escriba, que trouxesse o livro da lei de Moisés, que o Senhor tinha prescrito a Israel" (8.1). O propósito do povo era ouvir a Palavra de Deus. Eles tinham sede da Palavra. Eles tinham pressa de ouvir a Palavra. Não era qualquer novidade que os atraía, mas a Palavra de Deus.

A supremacia da Palavra de Deus

Há três verdades que precisam ser destacadas aqui:

Em primeiro lugar, *o pregador precisa estar comprometido com as Escrituras* (8.2,4,5). Esdras era um homem comprometido com a Palavra (Esdras 7.10). As pessoas não buscam alguém para lhes contar bonitas experiências, mas procuram um fiel expositor das Escrituras. A maior necessidade da igreja é de homens que conheçam, vivam e preguem a Palavra de Deus com fidelidade. A pregação é a maior necessidade da igreja e do mundo. A pregação é a tarefa mais importante que existe no mundo. Como já afirmou Paul Freston, o impacto causado pela leitura da Palavra de Deus por Esdras é comparado ao impacto da Bíblia na época da Reforma do século 16. Precisamos nos tornar o povo "do livro", "da Palavra". Não há reavivamento sem a restauração da autoridade da Palavra.

Em segundo lugar, *o povo precisa estar sedento das Escrituras* (8.1,3). A Bíblia era o anseio do povo. Eles se reuniram como um só homem (8.1), com os ouvidos atentos (8.3), reverentes (8.6), chorando (8.9) e alegrando (8.12) e prontos a obedecer (8.17).[116] Eles queriam não farelo, mas trigo. Eles queriam pão do céu, a verdade de Deus. Eles buscaram pão onde havia pão. Muitos buscam a Casa do Pão e não encontram pão. São como Noemi e sua família que saíram de Belém e foram para Moabe, porque não havia pão na Casa do Pão.* Quando as pessoas deixam a Casa do Pão,

A restauração promovida pela Palavra de Deus

encontram a morte. Há muita propaganda enganosa nas igrejas. Prometem pão, mas só há fornos frios, prateleiras vazias e algum farelo de pão. Apenas receita de pão não pode matar a fome do povo. Só o pão nutritivo da verdade pode saciar a fome daqueles que anseiam por Deus.

Em terceiro lugar, vejamos *as atitudes do povo em relação às Escrituras.* Quatro atitudes nos chamam a atenção:

Primeiro, ouvidos atentos (8.3). O povo permaneceu desde a alva até ao meio-dia, sem sair do lugar (8.7), com os ouvidos atentos. Não havia dispersão, distração nem enfado. Eles estavam atentos não apenas ao pregador, mas sobretudo ao livro da lei. Não havia esnobismo nem tietagem, mas fome da Palavra.

Segundo, mente desperta (8.2,3,8). A explicação era lógica, para que todos entendessem. O reavimento não foi um apelo às emoções, mas um apelo ao entendimento. A superstição irracional era a marca do paganismo. Oséias 4.6 diz: "O povo está sendo destruído porque lhe falta o conhecimento".

Terceiro, reverência (8.5): "Esdras abriu o livro à vista de todo o povo, porque estava acima dele; abrindo-o ele, todo o povo se pôs em pé". Essa era uma atitude de reverência e respeito à Palavra de Deus. Esse púlpito elevado não era para revelar a infalibidade do pregador, mas a supremacia da Palavra.

Quarto, adoração (8.6). Esdras ora, o povo responde com um sonoro amém, levanta as mãos e se prostra para adorar. Onde há oração e exposição da Palavra, o povo exalta a Deus e O adora.

A primazia da pregação da Palavra de Deus

Neemias 8 é o texto áureo sobre pregação expositiva no Antigo Testamento. Haddon Robinson diz que a pregação expositiva, em sua essência, é mais uma filosofia de pregação do que um método.[117] Encontramos aqui os três pontos principais da pregação expositiva. Que pontos são esses?

Em primeiro lugar, *ler o texto das Escrituras* (8.2,3,5). A leitura do texto é a parte mais importante do sermão. O texto é a fonte da mensagem e a autoridade do mensageiro. O texto é o fundamento do sermão. O sermão é o texto explicado. O sermão só é legítimo quando se propõe a explicar o texto lido. Muitos pregadores são descuidados na leitura do texto. Atropelam-no e lêem-no atabalhoadamente, dando a impressão que o desconhecem ou o desprezam.

Em segundo lugar, *explicar o texto das Escrituras* (8.7,8). O cristianismo é a religião do entendimento. Ele não nos elimina o cérebro. O sincretismo religioso anula a razão. Pregar é explicar o texto. A mensagem é baseada na *exegese*, ou seja, tirar do texto, o que está no texto. Não podemos impor ao texto nossas idéias; isso é *eisegese*. Calvino dizia que pregação é a explicação do texto.[118] O púlpito é o trono de onde Deus governa a sua Igreja. Brian Chapel diz que o sentido da passagem é a mensagem do sermão. O texto governa o pregador.[119] Lutero dizia que existe a Palavra de Deus escrita, a Palavra de Deus encarnada e a Palavra de Deus pregada.[120] Muitos hoje dizem: "Eu já tenho o sermão, só falta o texto". Isso não é pregação. Deus não tem nenhum compromisso com a palavra do pregador, e sim com a Sua Palavra. É a Palavra de Deus que tem a promessa de não voltar vazia e não a palavra do pregador.

Em terceiro lugar, *aplicar o texto das Escrituras* (8.9-12). A aplicação é o alvo do sermão. O sermão precisa alcançar o coração dos ouvintes como uma flecha. A mensagem não é só verdadeira, mas também relevante. Para usar uma figura de John Stott, o sermão é uma ponte entre dois

A restauração promovida pela Palavra de Deus

mundos. Ele liga o texto antigo ao ouvinte contemporâneo. O pregador traz o texto antigo à audiência moderna. O sermão leva a voz de Deus aos ouvintes contemporâneos. O pregador precisa ler o texto e sentir o povo. Ele deve pregar não diante da congregação, mas à congregação, diz John Bettler.[121] John A. Broadus diz que a aplicação num sermão não é simplesmente um apêndice da discussão ou subordinada a ela, mas é a coisa principal a ser feita.[122] Onde começa a aplicação, começa o sermão. Haddon Robinson alerta para o grande perigo da *heresia da aplicação*. Se não interpretarmos o texto corretamente, vamos aplicá-lo distorcidamente. Vamos prometer o que Deus não está prometendo e corrigir quando Deus não está corrigindo. A exposição e a aplicação da Palavra de Deus produziram na vida do povo vários resultados gloriosos.

Os efeitos da pregação da Palavra de Deus

A pregação fiel das Escrituras atinge as três áreas vitais da vida humana:

Em primeiro lugar, *atinge o intelecto* (8.8). A pregação é dirigida à mente. O culto deve ser racional. Devemos apelar ao entendimento (8.2,3,8,12). John Stott escreveu um livro com o título: "Crer é também pensar". Nada empolga tanto quanto estudar teologia. O conhecimento da verdade enche a nossa cabeça de luz. O povo que conhece a Deus é forte e ativo (Dn 11.32).

Em segundo lugar, *atinge a emoção* (8.9-12). Esse fato pode ser provado por duas reações do povo ao ouvir a exposição da Palavra:

A primeira reação foi choro pelo pecado (8.9). A Palavra de Deus produz quebrantamento, arrependimento e choro pelo pecado. O verdadeiro conhecimento nos leva às lágrimas. Quanto mais perto de Deus você está, mais tem consciência de que é pecador e mais chora pelo pecado. O emocionalismo é inútil, mas a emoção produzida pelo entendimento é parte essencial do cristianismo. É impossível compreender a verdade sem ser tocado por ela. O irmão André diz que se você consegue sempre esconder os seus sentimentos para com Deus, é melhor procurar um refrigerador bem grande lá no céu! Há muitos cristãos que parecem estar congelados![123]

A segunda reação foi a alegria da restauração (8.10). As festas deviam ser celebradas com alegria (Dt 16.11,14). A alegria tem três aspectos importantes: 1) *Uma origem divina* – "A alegria do Senhor". Essa não é uma alegria circunstancial, momentânea, sentimental. É a alegria de Deus, indizível e cheia de glória. 2) *Um conteúdo bendito* – Deus não é apenas a origem, mas o conteúdo dessa alegria. O povo regozija-se não apenas por causa de Deus, mas em Deus: Sua graça, Seu amor, Seus dons. É na presença de Deus que há plenitude de alegria. 3) *Um efeito glorioso* – "A alegria do Senhor é a nossa força". Quem conhece essa alegria não olha para trás como a mulher de Ló. Quem bebe da fonte das delícias de Deus não vive cavando cisternas rotas. Quem bebe das delícias de Deus não sente saudades do Egito. Essa alegria é a nossa força. Foi essa alegria que Paulo e Silas sentiram na prisão. Essa é a alegria que os mártires sentiram na hora da morte.

Em terceiro lugar, *atinge a vontade* (8.11,12). Isso pode ser provado por duas decisões tomadas pelo povo depois de ouvir a Palavra: Primeira, obediência a Deus (8.12). O povo obedeceu à voz de Deus e deixou o choro e começou a regozijar-se. Segunda, solidariedade ao próximo (8.12). O povo começou não apenas a alegrar-se em Deus, mas a

A restauração promovida pela Palavra de Deus

manifestar seu amor ao próximo, enviando porções àqueles que nada tinham. Não podemos separar a dimensão vertical da horizontal no culto.

A observância da Palavra de Deus (8.13-18)

Chamo sua atenção para três verdades importantes neste texto:

Em primeiro lugar, *a liderança toma a iniciativa de observar a Palavra de Deus* (8.13-15). Esdras no dia seguinte organiza um estudo bíblico mais profundo para a liderança (8.13). Depois do trabalho de massas do dia anterior, Esdras promove uma oficina intensiva de estudo da Palavra para os líderes.[124] Um grande reavivamento está acontecendo como resultado da observância e obediência à Palavra de Deus. Essa mudança é iniciada pelos líderes do povo. Havia práticas que caíram no esquecimento. Eles voltaram à Palavra e começaram a perceber que precisavam ser regidos por ela. A Escritura deve guiar a Igreja, sempre! A primeira tentação do diabo no Éden não foi sobre sexo ou dinheiro, mas suscitar dúvidas acerca da Palavra de Deus.[125]

Em segundo lugar, *os liderados obedecem à orientação da Palavra de Deus* (8.16-18). Toda a liderança e todo o povo se mobilizam para acertar a vida de acordo com a Palavra. Havia uma unanimidade em buscar a Palavra e em obedecê-la. Esse reavivamento espiritual foi tão extraordinário que desde Josué não acontecia algo igual, ou seja, havia mais de mil anos que a Festa dos Tabernáculos não tinha sido realizada com tanta fidelidade ao ensino das Escrituras. Essa festa lembrava a colheita (Êx 34.22) e a peregrinação no deserto (Lv 23.43). Em ambas as situações o povo era totalmente dependente de Deus. Se quisermos restauração para a Igreja, precisamos buscar não as novidades, mas voltarmo-nos para as Escrituras.

NEEMIAS – O líder que restaurou uma nação

Em terceiro lugar, *a alegria de Deus sempre vem sobre o povo quando este obedece à Palavra de Deus* (8.10,17b): "A alegria do Senhor é a vossa força" (8.10) e "[...] e houve mui grande alegria" (8.17b). O mundo está atrás da alegria, mas ela é resultado da obediência à Palavra de Deus. O pecado entristece, adoece, cansa. Mas a obediência à Palavra de Deus traz uma alegria indizível e cheia de glória (1Pe 1.8). Um povo alegre é um povo forte, diz o profeta Daniel (Dn 11.32). A alegria do Senhor é a nossa força, diz Neemias (8.10). Quando você está alegre, a força de Deus o entusiasma!

Você tem disposto o seu coração para conhecer, viver e ensinar a Palavra de Deus?

A restauração promovida pela Palavra de Deus

NOTAS DO CAPÍTULO **12**

[109] FRESTON, Paul. *Neemias: Um profissional a serviço do Reino*, p. 66.

[110] RAINER, Thom. *Effective evangelist churches*. Nashville, TN: Broadman & Holman Publishers, 1996, p. 63.

[111] WARREN, Rick. *The purpose driven church*. Grand Rapids, MI: Zondervan Publishing House, 1995, p. 16.

[112] SHAW, John. *The character of a pastor according to God's heart considered*. Morgan, Pennsylvania: Soli Deo Gloria Publications, 1998, p. 6.

[113] MARTIN, A. N. *What's wrong with preaching today?* Edinburgh. Pennsylvania: The Banner of Truth Trust, 1992, p. 6.

[114] SPURGEON, Charles Haddon. *Um ministério ideal*. Vol. 2. São Paulo: PES., 1990, p. 65.

[115] LOPES, Hernandes Dias. *A importância da pregação expositiva para o crescimento da Igreja*. São Paulo: Candeia, 2004, p. 50.

[116] FRESTON, Paul. *Neemias: Um profissional a serviço do Reino*, p. 67.

[*] [NR] O autor se refere aqui ao significado do nome "Belém". De fato, esse nome significa "Casa do Pão".

[117] ROBINSON, Haddon. *Biblical preaching*. Grand Rapids, Michigan:. Baker Book House, 1980, p. 20.

[118] LOPES, Hernandes Dias. *A importância da pregação expositiva para o crescimento da Igreja*, p. 48.

[119] CHAPEL, Brian. *Christ-centered preaching*. Grand Rapids, Michigan.: Baker Book House, 1994, p. 23.

[120] LOPES, Hernandes Dias Lopes. Op. cit., p. 46.

[121] BETTLER, John F. *Application*. Phillispburg, NJ: Presbyterian and Reformed Publishing Company, 1986, p. 333.

[122] BROADUS, John A. *On the preparation and delivery of sermons*. Nova York, NY: Harper San Francisco, 1979, p. 165-166.

[123] Irmão André. *Edificando um mundo em ruínas*, p. 156.

[124] FRESTON, Paul. *Neemias: Um profissional a serviço do Reino*, p. 68.

[125] Irmão André. *Edificando um mundo em ruínas*, p. 159.

Capítulo 13

O quebrantamento do povo e a exaltação de Deus
(Neemias 9.1-15)

Os GRANDES REAVIVAMENTOS da História foram produzidos pela Palavra de Deus. Vimos no capítulo 8 de Neemias que o povo se reuniu para ouvir a Palavra. A leitura, a explicação e a aplicação da Palavra trouxeram choro pelo pecado e alegria de Deus na vida do povo.

Vimos também que a liderança reuniu-se para aprofundar-se no estudo da Palavra e o resultado foi a restauração da vida religiosa de Jerusalém.

Essas reuniões de estudo aconteceram durante 24 dias (8.1-3,8,13,18; 9.1). Havia fome da Palavra. O estudo e a obediência dela trouxeram um poderoso reavivamento espiritual.

Não temos nenhum outro relato bíblico de um culto tão impressionante

NEEMIAS – O líder que restaurou uma nação

quanto esse, quando o povo, pelo exemplo de seus líderes, reúne-se durante um mês para estudar a Palavra e acertar a sua vida com Deus.

O quebrantamento do povo (9.1-5)

Neemias, falando sobre o quebrantamento espiritual do povo que voltou do cativeiro, toca em cinco pontos importantes:

Em primeiro lugar, *o quebrantamento passa pela contrição diante de Deus* (9.1). O povo caminhou da festa (8.13-18) para o jejum (9.1-3). O povo absteve-se de comida como uma forma de quebrar a rotina da satisfação automática dos apetites, para voltar-se para Deus.[126] O povo jejuou e cobriu-se com pano de saco. Esse é um símbolo de contrição, arrependimento e profundo quebrantamento. O povo reconheceu o seu pecado. Reavivamento começa com choro, humilhação e quebrantamento diante de Deus (2Cr 7.14). Não podemos adorar o Rei da glória antes de contemplarmos a triste realidade do nosso pecado.

Qual foi a última vez que você jejuou para se quebrantar diante de Deus? Qual foi a última vez que você jejuou por causa dos pecados do povo de Deus?

Em segundo lugar, *o quebrantamento passa por uma separação de tudo o que Deus condena* (9.2). Quebrantamento envolve obediência. O povo toma a decisão de deixar todos aqueles que não eram da linhagem de Israel para se consagrar ao Senhor. Aqueles que não haviam se convertido ao judaísmo não participavam dessa reunião. Eles não tinham a mesma fé e o mesmo Deus. Não há comunhão fora da verdade. O problema aqui não é racial, mas teológico (10.28). Unir-se aos outros povos era transigir com a fé, era aceitar o sincretismo, era uma espécie de ecumenismo.

O quebrantamento do povo e a exaltação de Deus

Em terceiro lugar, *o quebrantamento passa pela confissão de pecado* (9.2). Quando somos iluminados pela verdade, deixamos de nos justificar e, então, reconhecemos nossos pecados e os pecados dos nossos pais. Confissão é o maior sinal do arrependimento (Pv 28.13). A culpa é comunitária no tempo e no espaço (1.6; 9.2). A responsabilidade é coletiva. Não podemos nos isolar, somos uma família, um rebanho, um corpo. Quando um membro sofre, todos se entristecem com ele. Quando um membro cai, os outros devem corrigi-lo com espírito de brandura (Gl 6.1).

Em quarto lugar, *o quebrantamento é produzido pela leitura da Palavra de Deus* (9.3). Quando a Palavra de Deus é lida, explicada e aplicada, então, os corações se derretem (8.8-10). Precisamos resgatar a supremacia da Escritura e a primazia da pregação na igreja. O Evangelho é o poder de Deus para a salvação de todo o que crê. Toda a Escritura é inspirada por Deus. Só há um evangelho. Precisamos expor a Palavra com fidelidade, lágrimas e no poder do Espírito. A proclamação da Palavra produz mudança na vida do povo.

Em quinto lugar, *só um povo que se levanta do quebrantamento pode exaltar a Deus de modo digno* (9.4,5). Só os que choram pelos seus pecados podem se alegrar em Deus. Só os que se humilham diante de Deus podem ser restaurados por Ele. Vemos a glória de Deus quando molhamos os nossos olhos nas lágrimas do arrependimento. Os levitas têm uma visão gloriosa da transcendente majestade de Deus (9.5b).

A exaltação a Deus

A teologia alcança suas alturas mais culminantes nas orações do povo de Deus. A mais profunda teologia de Paulo está nas suas orações. Esdras 9, Neemias 9 e Daniel

9 são exemplos de gloriosos lampejos da teologia através da oração.

Como Deus é descrito nessa oração dos levitas? Eles contemplam a majestade de Deus, exaltam Seu poder e descrevem Seus gloriosos feitos. Vejamos como Deus é descrito neste texto:

Em primeiro lugar, *Deus é o Criador* (9.6). Quando a Bíblia afirma que Deus é o Criador, ela está destruindo as bases do ateísmo, agnosticismo, panteísmo e deísmo. A Bíblia está combatendo também a evolução teísta. A Bíblia está combatendo a eternidade da matéria e a evolução das espécies. Cada ser criado por Deus reproduz-se segundo a sua espécie. Essa é a verdade infalível de Deus (Gn 1.11,12,21,24,25). Existe mutação, mas não transmutação da espécie. Deus criou o mundo físico e também o espiritual. Alçamos nossa voz para dizer que a evolução é uma teoria e não uma ciência. Aceitar uma teoria eivada de contradições como verdade absoluta é escamotear a verdade. O próprio livro *Origem das Espécies,* de Charles Darwin, publicado em 1859, possui mais de oitocentos verbos no futuro do subjuntivo: suponhamos. Suposição não é uma verdade comprovada. Faltam aos evolucionistas as provas de sua teoria. No período da Revolução Francesa, emissários daquela cruzada sangrenta saíram perseguindo os cristãos na França. Um desses representantes daquela empreitada atéia chegou a uma vila e abordou um camponês cristão, dizendo-lhe: "Eu vim aqui para rasgar sua Bíblia, queimar o templo da sua igreja e banir da sua mente essa tola idéia de Deus". O camponês, com a ousadia de um grande homem, respondeu-lhe: "O senhor pode rasgar minha Bíblia e até queimar o templo da minha igreja, mas antes de o senhor banir da minha mente a idéia de Deus, primeiro o senhor

O quebrantamento do povo e a exaltação de Deus

terá de apagar as estrelas no firmamento, porque enquanto elas brilharem, anunciar-me-ão a glória de Deus".

Em segundo lugar, *Deus é o preservador da vida* (9.6). "[...] e tu preservas a todos com vida". Deus não só criou todas as coisas, mas sustenta toda a criação. Ele é quem faz a semente brotar e assim renova a face da terra (Sl 104.30; At 17.25,28). Deus é quem nos dá a vida, a saúde, o alimento, a proteção e a paz. Ele é quem dá a chuva e o sol. Deus não é como um relojoeiro que dá corda no relógio e vai embora; Ele está presente e atua na obra da criação. Ele é o Deus que alimenta os pássaros, veste as flores, abastece as fontes e enche a terra da Sua bondade. Dele vem o pão que está em nossa mesa, a saúde para saborearmos o pão e a força para trabalhar.

Em terceiro lugar, *Deus é o Senhor* (9.6). Ele é o soberano Senhor do universo. Ele está assentado no trono, na sala de comando do universo. Ele é quem dirige a História e governa as nações. Ele é quem levanta reis e destrona reis; levanta reinos e abate reinos. Ele é o dono, proprietário absoluto de todas as coisas. Ele faz todas as coisas conforme o conselho da Sua vontade. Ele está no trono e o Cordeiro está com o livro da História nas mãos. A História não está à deriva nem caminha para o caos, mas está segura nas Suas onipotentes mãos (Ap 4,5).

Em quarto lugar, *Deus é aquele que elege soberanamente um povo para si* (9.7). A eleição divina é soberana, graciosa, livre, incondicional, cristocêntrica e proposital. Deus nos escolheu em Cristo, antes da fundação do mundo, para sermos santos e irrepreensíveis. Ele nos escolheu desde o princípio para a salvação mediante a santificação do Espírito e a fé na verdade. Deus não nos elegeu porque previu que iríamos crer, nem porque éramos santos, ou porque praticávamos boas obras. Cremos porque Ele nos elegeu. Fomos eleitos para sermos santos e irrepreensíveis. Fomos criados em Cristo para as boas obras e não por causa delas.

Em quinto lugar, *Deus é Aquele que chama eficazmente* (9.7). Deus não apenas elegeu Abrão, mas tirou-o de Ur dos Caldeus. Tirou-o da sua idolatria. Tirou-o dos seus ídolos. Deus mudou seu coração, seu caminho, sua vida, seu futuro, sua eternidade. O chamado de Deus é irresistível. Há um chamado externo e outro interno. O chamado interno é eficaz. Todo aquele que é eleito, é chamado eficazmente (Rm 8.30). As ovelhas de Cristo ouvem a Sua voz; Ele as conhece, e elas O seguem (Jo 11.27). O mesmo Deus que chama, abre também o coração. A bondade de Deus é que nos conduz ao arrependimento. A fé salvadora é dom de Deus. Na verdade, tudo provém de Deus.

Em sexto lugar, *Deus é Aquele que transforma o pecador* (9.7). Deus mudou o nome de Abrão (grande pai), para Abraão (pai de uma grande nação). Abraão esperou 25 anos até Isaque nascer. Depois, Deus mandou Abraão sacrificar Isaque. Abraão confiou que Deus poderia ressuscitar o seu filho. Deus então lhe prometeu uma descendência numerosa como as estrelas do céu. Nós, os que cremos, somos filhos de Abraão. Todos os remidos, em todos os lugares, em todos os tempos são filhos de Abraão (Rm 2.28,29; Gl 3.29; Fp 3.3). Deus muda a nossa sorte, a nossa vida, o nosso coração. O poder não vem de dentro, mas do alto; não vem do homem, mas de Deus.

Em sétimo lugar, *Deus é fiel para cumprir Suas promessas* (9.8). Deus achou o coração de Abraão fiel e fez uma aliança com ele. Ele vela pela Sua Palavra em a cumprir. Passa o céu e a terra, mas a sua Palavra não passará. Ele não é homem para mentir. Mesmo quando somos infiéis, Ele permanece fiel, porque não pode negar a Si mesmo. Estamos numa relação pactual com Deus. Ele prometeu ser o nosso Deus e o Deus dos nossos filhos para sempre. Deus prometeu a Abraão e sua descendência bênçãos pessoais, nacionais e universais.

Em oitavo lugar, *Deus é Aquele que liberta o Seu povo da aflição* (9.9). Deus vê, ouve e intervém. Ele é o Deus presente que se importa conosco. Ele viu a aflição do povo no Egito, ouviu o seu clamor, desceu e o libertou com mão forte e poderosa. A ênfase do texto está nas ações de Deus a favor do Seu povo escolhido: "viste, ouviste, fizeste, divididiste, lançaste, guiaste, desceste, falaste, deste, juraste".[127] Deus ainda continua libertando, quebrando as cadeias e despedaçando os ferrolhos de ferro. Ele ainda continua abrindo as portas de bronze e trazendo o Seu povo para um lugar espaçoso.

Em nono lugar, *Deus é Aquele que opera milagres para revelar o Seu poder* (9.10,11). Deus não apenas tirou o Seu povo da escravidão, mas derrubou os deuses do Egito, enviando sobre a terra dos faraós dez pragas. Cada praga foi dirigida contra uma divindade no Egito. Deus estava revelando ao mundo que só Ele é Deus. Embora os milagres não sejam o conteúdo do evangelho, abrem portas para ele. O nome de Deus foi exaltado por meio dos milagres operados no Egito. Quando o povo ficou encurralado e cercado por todos os lados, às margens do mar Vermelho, Deus abriu um caminho no meio do mar. Ele continua abrindo caminhos na tormenta e apontando-nos o rumo certo quando nos encontramos num beco sem saída.

Em décimo lugar, *Deus é Aquele que guia o Seu povo com Sua presença* (9.12). Tanto a coluna de fogo quanto a coluna de nuvem eram símbolos da presença de Deus com o Seu povo. A presença de Deus protege, aquece, refrigera e orienta. A coluna de fogo os aquecia no frio do deserto e lhes alumiava o caminho. A coluna de nuvem refrescava-lhes o calor do deserto e lhes dava refrigério nas caminhadas do dia. O Senhor está conosco sempre. Sua presença é o nosso alento para a caminhada da vida até entrarmos na terra prometida. Asafe deu o seu testemunho: "Tu me seguras pela minha mão direita. Tu me guias com o teu conselho e depois me recebes na glória" (Sl 73.23,24).

Em décimo primeiro lugar, *Deus é Aquele que fala ao Seu povo por meio da Sua Palavra* (9.13,14). Deus fala do céu e desce. Com letras de fogo na pedra, o dedo de Deus escreveu as tábuas da Lei. Deus deu juízos retos, leis verdadeiras, estatutos e mandamentos bons. Deus fala pela Palavra. Ele trouxe Sua Palavra a Moisés. Esdras e os levitas estão lendo essa Palavra ao povo. Hoje, a maior necessidade da Igreja é a Palavra de Deus. O Senhor continua falando ao Seu povo pela Sua Palavra. Não devemos buscar outras vozes, outras fontes nem novas revelações. Basta-nos a infalível, inerrante e suficiente Palavra de Deus.

Em décimo segundo lugar, *Deus é Aquele que provê sustento para o Seu povo* (9.15). Cerca de dois milhões de pessoas perambulavam pelo deserto com suas crianças, velhos e animais. A roupa não envelhecera no corpo, a sandália não envelhecera nos pés, da rocha brotara água, do céu caíra maná e codornizes (Sl 105.40; 78.24). Deus sustentou Seu povo com abundante provisão. Precisamos confiar no provedor mais do que na provisão. Deus provê as bênçãos temporais e dá graciosamente a terra prometida (9.15b).

É tempo da Igreja reunir-se sob a Palavra de Deus para renovar sua aliança com o Senhor. Precisamos ter esse senso

O quebrantamento do povo e a exaltação de Deus

da glória de Deus em nossos cultos, com arrependimento, confissão, adoração e percepção clara de quem é Deus e o que Ele faz.

Precisamos olhar para o passado e ver as lições da História, pois o mesmo Deus fez, faz e fará maravilhas na vida do Seu povo.

NOTAS DO CAPÍTULO 13

[126] FRESTON, Paul. *Neemias: Um profissional a serviço do Reino*, p. 73.

[127] FRESTON, Paul. *Neemias: Um profissional a serviço do Reino*, p. 76.

Capítulo 14

A fidelidade de Deus e a infidelidade do povo
(Neemias 9.16-37)

ESTA ORAÇÃO DOS LEVITAS é uma síntese da história do povo de Israel, desde sua origem, com a eleição de Abraão, até a restauração dos muros de Jerusalém. É também uma confissão da glória e da graça de Deus bem como da ingratidão do homem.

Esta oração é resultado da leitura, exposição e aplicação da Palavra de Deus, durante 21 dias.

Quem não aprende com a História, está fadado a repetir os seus erros.[128] O apóstolo Paulo alerta para esse fato solene: "Estas cousas lhes sobrevieram como exemplos e foram escritas para advertência nossa, de nós outros sobre quem os fins dos séculos têm chegado" (1Co 10.11).

Cyril Barber cita Patrick Henry, que atestou a importância da História, ao dizer: "Não tenho luz para iluminar o caminho do futuro salvo aquela que está sobre meus ombros vinda do passado".[129]

Este texto pode ser dividido em três partes: a bondade de Deus e a ingratidão do povo; a disciplina de Deus e a inconstância do povo; a justiça de Deus e o clamor do povo por misericórdia.

A bondade de Deus e a ingratidão do povo (9.16-25)

Com respeito à bondade de Deus, Neemias nos ensina algumas importantes lições. Vejamos alguns aspectos da bondade de Deus:

Em primeiro lugar, *o cuidado de Deus é baseado em quem Deus é e não em quem nós somos* (9.17). Se Deus nos tratasse como merecemos, estaríamos desamparados. Suas misericórdias são a causa de não sermos consumidos. Somos poupados, porque Deus é perdoador, clemente e misericordioso, tardio em irar-se e grande em bondade (9.17b,19). Nada podemos fazer para Deus nos amar mais ou para nos amar menos. A causa do amor de Deus por nós está Nele mesmo. Seu amor é eterno e imutável.

Em segundo lugar, *a direção de Deus na vida do Seu povo é fruto da Sua imensa misericórdia* (9.19). O povo foi rebelde todo o tempo na peregrinação do deserto. Eles murmuraram, blasfemaram, fizeram ídolos e os adoraram e cometeram toda sorte de devassidão. Mas por causa da multidão das misericórdias de Deus, não faltou ao povo direção. A coluna de nuvem e a coluna de fogo jamais se apartaram do povo. Muitas vezes, Deus disciplinou o Seu povo, mas jamais o desamparou. A disciplina é um ato responsável de amor. Quem ama, disciplina. É melhor

A fidelidade de Deus e a infidelidade do povo

ser disciplinado como filho do que viver sem freios como bastardo. Deus não desiste do Seu povo. Ele não abre mão do direito que tem de ter-nos para Si.

Em terceiro lugar, *a bondade de Deus revela-se na provisão espiritual* (9.20). Deus lhes concedeu o Espírito Santo para os ensinar. Deus lhes deu a si mesmo. Deus mesmo os ensinou. Não os deixou na ignorância nem permitiu que seus pés trilhassem uma estrada de trevas. O banquete de Deus é sempre farto. Ele sempre coloca diante de nós Suas finas e ricas iguarias. Temos na Palavra um lauto banquete da graça. Todas as insondáveis riquezas de Cristo nos são oferecidas. Está ao nosso dispor a suprema grandeza do poder de Deus. Temos uma provisão celestial que jamais escasseia. Na Casa do Pai há sempre pão com fartura.

Em quarto lugar, *a bondade de Deus revela-se na provisão material* (9.20b,21). Deus deu maná, água, vestes, calçados. Isso durante quarenta anos. Nada lhes faltou, exceto a gratidão. Deus é a fonte de todo bem. Tudo o que somos e temos vem Dele, é Dele e deve ser consagrado a Ele. A vida que temos é de Deus. A família que temos é de Deus. A casa onde moramos é de Deus, o carro que dirigimos é de Deus. O dinheiro que guardamos é de Deus. Não há nenhum centímetro no universo sobre o qual o Senhor não possa reivindicar plena posse.

Em quinto lugar, *a bondade de Deus revela-se na família* (9.23). Os filhos são herança de Deus. Eles são flechas nas mãos do guerreiro. Eles são símbolo da bênção de Deus. Eles tiveram filhos que saíram do cativeiro e entraram na terra da promessa. Seus filhos foram libertos e foram vitoriosos. A maior herança que Deus nos dá não são coisas materiais, mas os nossos filhos. Devemos investir mais tempo neles do que nos bens materiais. Devemos dar mais importância

NEEMIAS – O líder que restaurou uma nação

ao relacionamento do que às coisas. Pessoas valem mais que coisas.

Em sexto lugar, *a bondade de Deus revela-se na herança imerecida* (9.22,24,25). Deus exerceu o Seu juízo sobre as nações ímpias que viviam naquela terra e deu essa terra aos filhos de Israel. Eles não a conquistaram, mas receberam-na por herança. Foi graça. De igual forma, herdamos o céu por herança. É graça! Não recebemos a bem-aventurança eterna como prêmio. A vida eterna não é um troféu que conquistamos pelo nosso esforço. Tudo provém de Deus. É graça sobre graça.

Neemias passa da bondade de Deus para a ingratidão do povo. Tratando dessa triste realidade, Neemias pontua quatro aspectos da ingratidão do povo:

Em primeiro lugar, a desobediência do povo passa pela *desobediência ostensiva à Palavra de Deus* (9.16). Diante das bênçãos especiais de Deus descritas em Neemias 9.1-15, o povo reagiu com soberba, dura cerviz e desobediência ostensiva à Palavra. Deus lhes dera libertação do cativeiro, livramento do inimigo, direção no deserto e Palavra do céu, mas o povo desprezou a Deus e à Sua Palavra.

Em segundo lugar, a desobediência do povo passa pelo *deliberado esquecimento dos milagres de Deus* (9.17). Eles responderam às milagrosas maravilhas de Deus com total descaso. A ingratidão fere o coração de Deus. Não reconhecer os milagres de Deus em nossa vida é um grande pecado. "Nada lhes faltou (9.21), mas nada lhes inspirou gratidão (9.17).

Em terceiro lugar, a desobediência do povo passa pela *saudade do passado de escravidão* (9.17). Eles se cansaram de Deus e ficaram enfadados Dele. Cansaram de ser um povo santo. Eles se rebelaram e buscaram um líder espúrio para

A fidelidade de Deus e a infidelidade do povo

reconduzi-los à terra da servidão. No coração, eles voltaram ao Egito. Eles saíram do Egito, mas o Egito não saiu deles. Eles carregaram o Egito no coração. Muitos estão na igreja, mas o coração está no mundo. Deixaram para trás alguns pecados, mas ainda sentem saudade deles.

Em quarto lugar, a desobediência do povo passa pela *apostasia da adoração* (9.18). Trocaram Deus por um ídolo feito por suas próprias mãos. A idolatria é um pecado que ofende a espiritualidade e a santidade de Deus. A idolatria despreza a Deus e afronta Sua natureza. Ela torna as pessoas obtusas na terra (Sl 115.4-8) e as impede de entrar no céu (Ap 21.8).

A disciplina de Deus e a inconstância do povo (9.26-31)

Ao tratar da inconstância do povo, Neemias aborda dois aspectos:

Em primeiro lugar, a inconstância do povo reflete-se *na rejeição a Deus, da Sua mensagem e do mensageiro* (9.26). Quando o homem rejeita a Deus, também rejeita a Sua Palavra e quando rejeita a Palavra, rejeita o mensageiro. Eles se revoltaram contra Deus, viraram as costas à lei e mataram os profetas. Isaías foi serrado ao meio. Jeremias foi preso e jogado numa cova. Hoje muitos rejeitam a Deus e Sua mensagem quando negam a sua veracidade. Esse é o pecado do liberalismo. Outros rejeitam a Deus e a Sua mensagem quando negam a sua suficiência. Esse é o pecado do misticismo pragmático.

Em segundo lugar, a inconstância do povo revela-se por intermédio *de uma volta superficial e utilitária para Deus* (9.27,28). Eles queriam se livrar das conseqüências de seus pecados e não de seus pecados. Eles buscavam a Deus não por causa de Deus, mas para serem livres da aflição.

NEEMIAS – O líder que restaurou uma nação

Deus era apenas um instrumento para satisfazer a sua vontade e não o prazer e deleite da sua alma. A volta para Deus era algo raso, superficial, com motivação humanista e antropocêntrica. Eles só buscavam a Deus na hora do aperto. Mas esqueciam-se de Deus na hora da fartura.

Semelhantemente, ao tanger a questão da disciplina de Deus, Neemias também fala sobre dois aspectos:

Em primeiro lugar, *quem não obedece à Palavra é disciplinado por Deus* (9.27,28,30). Quem não escuta a voz do amor, experimenta a vara da disciplina. Somos guiados pela Bíblia ou pela chibata. Israel foi entregue nas mãos da Assíria e Judá nas mãos da Babilônia. Agora, o remanescente de Judá está sendo dominado pelo Reino Medo-Persa. Foi Deus quem os entregou (Dn 1.1,2). Eles foram derrotados pelos seus pecados e não pela força do adversário. Até mesmo a disciplina foi um ato do amor responsável de Deus pelo Seu povo.

Em segundo lugar, *quem se volta para Deus arrependido, sempre é perdoado* (9.27,28,30,31). Na hora da angústia, quando o povo clamava ao Senhor, Ele os ouvia, os perdoava e enviava-lhes um libertador (9.27). Deus, pelas Suas misericórdias, livrou o povo muitas vezes (9.28). Os levitas disseram que Deus é perdoador, clemente e misericordioso, tardio em irar-se e grande em bondade (9.17). Deus aturou o Seu povo por muitos anos (9.30). Deus não acabou com o povo, antes o preservou por causa da Sua misericórdia (9.31).

A justiça de Deus e o clamor do povo por misericórdia (9.32-37)

Neemias é enfático quando trata da questão da justiça de Deus (9.32,33). O povo reconhece que Deus tem agido

A fidelidade de Deus e a infidelidade do povo

sempre com justiça (9.34). Deus entregou o povo de Israel nas mãos de seus inimigos. Eles foram levados cativos pela Assíria, em 722 a.C., e pela Babilônia, em 586 a.C. Perderam sua terra, seu templo, suas casas, suas famílias, sua liberdade. Agora são escravos em sua própria terra. Eles não agradeceram a Deus pela herança da terra, por isso, agora estão trabalhando na terra, mas para dar o melhor àqueles que dominam sobre eles. O pecado produz escravidão. Onde ele reina, há fraqueza e aflição.

Agora, Neemias registra o clamor do povo por misericórdia (9.32-37). Esse clamor é manifesto de várias formas:

Em primeiro lugar, *o reconhecimento tardio de quem é Deus* (9.32-37). O povo de Israel sabia também que Deus é grande, poderoso, temível, fiel e justo, mas desafiou a Deus, rebelou-se contra Ele, tapou os ouvidos à Sua lei, matou os Seus profetas e no coração desprezou ao Senhor. Eles tinham uma teologia, mas outra prática. Eles professavam uma fé, mas viviam em desacordo com ela.

Em segundo lugar, *o reconhecimento que o pecado se estende aos líderes políticos e religiosos* (9.34). Na verdade, o pecado começou com esses líderes. Neemias não era defensor de uma ideologia totalitária, nacionalismo doentio ou triunfalismo religioso;[130] ao contrário, compreendeu que todos eram culpados do pecado da soberba (9.16), desobediência (9.17), idolatria (9.18), assassinato (9.26) e ingratidão (9.35). Neemias não era um bajulador nem aplaudia os caciques da política quando estes eram corruptos.

Em terceiro lugar, *o reconhecimento de uma grande ingratidão* (9.35). Nada lhes faltou (9.21), exceto a gratidão (9.35). Deus lhes deu a terra e a fartura, mas eles não serviram a Deus nem se converteram de suas más obras (9.35). Agora

NEEMIAS – O líder que restaurou uma nação

estão nessa mesma terra como escravos, debaixo de grande angústia (9.37). Sempre que o povo recebia as bênçãos de Deus, seu coração se apartava de Deus. Substituia Deus pelas suas bênçãos, o doador pela dávida. O conceito da bênção de Deus está profundamente distorcido no meio evangélico contemporâneo. Paul Freston faz a seguinte observação:

A palavra "bênção" é freqüentemente usada no meio evangélico brasileiro para designar aquilo que a sociedade em geral considera boa sorte ou felicidade. O conceito secular é apenas "batizado" pelo uso de uma palavra religiosa. Mas a escala de valores subjacente permanece intocada. Não há uma renovação de mente (Rm 12.2) mas apenas uma mudança de linguagem. Assim, perde-se a capacidade de questionar os meios pelos quais a suposta bênção veio (por exempo, por meio de ambição desenfreada, dos ganhos da exploração ou das benesses que lesam o patrimônio público), e de indagar qual poderia ser o propósito de Deus na vida do "abençoado". Como encaixar o Deus de Isaías 53 na perspectiva atual de "bênção"? Ou o Deus do Getsêmani e do Calvário? Ou o Deus do apóstolo Paulo, de 2Coríntios 6.4-10 e 11.23-30? Ou o Deus dos profetas sofredores (Hb 11.35-38)?[131]

Em quarto lugar, *o reconhecimento de uma servidão assoladora* (9.36,37). O pecado trouxe escravidão e esta alcançou: 1) A terra. 2) Seus corpos. 3) Seus bens. 4) O fruto de seu trabalho. Ainda hoje o pecado é o opróbrio das nações. Onde ele medra, resultados nefastos acontecem. O pecado produz servidão, ele coloca o pescoço da sua vítima na forca, seus pés no tronco e sua alma no inferno.

Finalmente, *o reconhecimento acerca da necessidade de um profundo clamor* (9.32-34,37b). Há várias petições pungentes: 1) "Não menosprezes toda a aflição que nos sobreveio" (9.32). 2) "Pois tu fielmente procedeste, e

A fidelidade de Deus e a infidelidade do povo

nós, perversamente" (9.33). 3) "Os nossos reis [...] não guardaram a tua lei [...] (9.34)". 4) "Estamos em grande angústia" (9.37). Só a volta a terra não basta se continuarmos oprimidos.

Concluo com algumas lições práticas:

Primeira, o conhecimento das Escrituras provocou o arrependimento, baseado nos padrões da lei. A falta de arrependimento é proporcional à ignorância da Palavra.

Segunda, o conhecimento das Escrituras provocou uma nova esperança, baseada nas promessas da lei. O verdadeiro arrependimento sempre leva a uma nova esperança, e sem ele não há esperança autêntica, diz Paul Freston.[132] Cyril Barber cita a contundente palavra de Daniel Webster:

> Se vivermos segundo os princípios ensinados na Bíblia, nosso país continuará a prosperar, mas se nós e nossa posteridade negligenciarmos sua instrução e autoridade, nenhum homem poderá dizer quão repentinamente pode uma catástrofe vencer-nos e enterrar nossa glória na obscuridade profunda.[133]

Terceira, o conhecimento das Escrituras provocou um claro entendimento da ação de Deus na História. Deus está ativo na história do Seu povo e na história das nações pagãs. Os reis da terra são apenas instrumentos em Suas mãos para cumprir o Seu propósito na vida do Seu povo.

NEEMIAS – O líder que restaurou uma nação

Notas do capítulo 14

[128] BARBER, Cyril J. *Neemias e a dinâmica da liderança eficaz*, p. 118.

[129] Ibid., p. 120.

[130] FRESTON, Paul. *Neemias: Um profissional a serviço do Reino*, p. 78.

[131] FRESTON, Paul. *Neemias: Um profissional a serviço do Reino*, p. 79.

[132] FRESTON, Paul. *Neemias: Um profissional a serviço do Reino*, p. 78.

[133] BARBER, Cyril J. *Neemias e a dinâmica da liderança eficaz*, p. 120.

Capítulo 15

Reforma espiritual. Uma aliança com Deus
(Neemias 9.38–10.1-39)

A PRIMEIRA REFORMA REALIZADA por Neemias foi estrutural. Jerusalém passara por uma grande reforma física, econômica e social. Os muros foram reconstruídos e as portas levantadas. Os ricos devolveram as terras e casas que haviam tomado dos pobres e os sacerdotes voltaram a cuidar da Casa de Deus.

A segunda reforma foi espiritual. Tudo começou com a fome pela Palavra de Deus. Estudo da Bíblia e oração produziram confissão, choro pelo pecado, alegria da obediência e acerto de vida com Deus.

As bases da reforma espiritual foram doutrina, experiência e prática. Hoje estamos precisando de uma nova reforma. A

Igreja tem se desviado pelos atalhos da heterodoxia, tem capitulado diante dos novos ventos de doutrina e seguido doutrinas de homens em vez de firmar-se na Palavra de Deus. Estamos precisando voltar às Escrituras. Essa reforma espiritual foi uma das mais profundas de toda a história do povo de Israel.

A base da reforma – A Palavra de Deus

Neemias destaca três coisas absolutamente importantes: Em primeiro lugar, *a reforma começou quando o povo voltou-se para a Palavra de Deus* (8.1). Tudo começou quando o povo de Israel se reuniu para buscar a Palavra de Deus (8.1). Não há reforma sem Palavra (8.13,18). Não há mudança sem centralidade nas Escrituras. O Pentecostes, a Reforma, o movimento dos Puritanos, os avivamentos foram todos produzidos por uma volta à Palavra. É pela Palavra que Deus chama os pecadores à conversão. É pela palavra que os incrédulos são convertidos e os santos são edificados, santificados e treinados para a obra. É pela Palavra que vencemos o inimigo. A maior necessidade da Igreja evangélica brasileira é uma volta à Palavra. Precisamos de uma nova Reforma que venha colocar as Escrituras no centro da nossa vida, família, igreja e nação.

Em segundo lugar, *a Palavra de Deus estabeleceu a base e os limites da reforma* (10.29). A aliança foi feita com base na Palavra e para guardarem a Palavra. O compromisso era para andar, guardar e cumprir os mandamentos, juízos e estatutos da Palavra. Não podemos parar no estudo da Palavra. Não podemos ficar paralisados no estudo da teologia ou da doutrina. O conhecimento precisa produzir transformação. Possivelmente, um dos mais graves problemas da Igreja contemporânea não seja falta de conhecimento, mas de obediência.

Reforma espiritual. Uma aliança com Deus

Doutrina precisa produzir experiência e experiência precisa desaguar na prática. Muitos dizem crer na Bíblia, mas não obedecem aos seus ensinos. A autoridade da Bíblia tem sido atacada por "amigos" de dentro da Igreja e inimigos de fora.

Em terceiro lugar, *a reforma começou quando o povo saiu do sentimento para a ação* (9.38). Para que tudo não ficasse apenas num nível sentimental, eles firmaram uma aliança com o Deus da aliança, guardador de alianças e a escreveram e assinaram. Eles se comprometeram pessoalmente, coletivamente e publicamente com Deus.

Os participantes da reforma – Os líderes e o povo

Um ponto de indiscutível importância é que a liderança precisa ser exemplo na reforma espiritual (9.38;10.1-27). A liderança política e espiritual está na vanguarda e na proa dessa aliança com o Senhor. Eles estão à frente do povo e são exemplo e modelo para o povo.

Neemias, o governador de Judá, é o primeiro a colocar o seu selo sobre o documento (10.1). Ele dá um passo à frente e oferece exemplo para que os demais o sigam.[134] Seguem-se os sacerdotes (10.2-8); em seguida, os levitas, (10.9-13) e os chefes de famílias (10.14-27). Finalmente, o resto do povo (10.28). A liderança política e religiosa está liderando o povo nessa volta para Deus. Com a assinatura de todos esses líderes, estava validado o concerto. Os príncipes, os levitas e os sacerdotes foram à frente e depois todo o povo seguiu seus passos (10.28). A liderança não pode ficar de fora. Ela precisa estar na frente dessa volta para Deus (Jl 2.12-17). O povo nunca está na frente da sua liderança. O povo é como um espelho que reflete sua liderança.

Outro ponto fundamental destacado por Neemias foi que todo o povo aderiu à reforma espiritual (10.28,29).

A reforma espiritual alcançou não apenas os líderes mas, a partir deles, todo o povo. Homens, mulheres e crianças assumiram o compromisso de andar com Deus e de obedecer à Sua Palavra. Fica completamente claro que todos, até mesmo as crianças menores que podiam compreender (8.12; 10.28), participaram desse juramento.

Jonathan Edwards registrou em seu livro, *The Religious Affections*, que aos vinte anos de idade assumiu um compromisso com Deus, por escrito, de que viveria para a Sua glória. Ele foi um dos homens que mais influenciaram a história do cristianismo. Fato semelhante pode ser visto na vida de David Brainerd, o missionário que evangelizou os índios peles vermelhas nas selvas americanas. Esse jovem extraodinário fez uma aliança com Deus e, mesmo morrendo aos 29 anos de idade, deixou marcas indeléveis na História, a ponto de João Wesley afirmar que o seu diário era o livro mais importante no mundo depois da Bíblia e que sua leitura era imperativa para alguém interessado em ser um obreiro aprovado.

Os grandes avivamentos surgiram quando o povo entrou em aliança com Deus para O buscar, O conhecer e O obedecer. Vivemos hoje uma espiritualidade centrada no homem e no que podemos receber de Deus. Não é mais o homem quem está a serviço de Deus, mas Deus é quem está a serviço do homem. Não é mais a vontade de Deus que deve ser feita na terra como no céu, mas a vontade do homem que deve ser imperativa no céu. Precisamos voltar-nos para Deus por causa de Deus e não apenas por causa de Suas bênçãos. Deus é melhor do que Suas bênçãos, o doador é mais importante do que a dádiva.

Reforma espiritual. Uma aliança com Deus

Os compromissos da reforma (10.28-39)

Esse é o mais sério documento que nos vem dos antigos tempos, por onde podemos ler as preocupações, quer do povo, quer dos seus líderes, quanto ao futuro da nação renascente. Eles escreveram e selaram. Nesse pacto, eles assumiram sete compromissos com Deus:

Em primeiro lugar, *consagração a Deus* (10.28). A mistura das raças entre os judeus não seria tanto uma questão de pureza racial, mas de preservação da religião. A mistura de credos levaria ao afrouxamento das relações com Deus. A questão não era o preconceito racial, mas a fidelidade espiritual. Essa separação não foi apenas negativa; eles se apartaram daqueles povos para a Palavra de Deus. O povo tinha se apartado não dos povos, mas de suas crenças, de suas práticas pagãs, de seu sincretismo religioso. O que eles queriam era uma reforma na doutrina e na vida. Eles queriam doutrina bíblica. Rute era gentia, mas ao crer no Deus vivo, casou-se com Boaz e foi aceita como parte do povo de Deus. Não há comunhão onde não há verdade. O ecumenismo é uma falácia.

Em segundo lugar, *observância da Palavra de Deus* (10.29). De suma importância é a própria aliança. Há a decisão de se submeterem à autoridade das Escritruas. Eles sabiam que não podiam esperar bênçãos de Deus sem obediência à Sua Palavra. A Palavra de Deus era sua carta de alforria. O povo não buscava milagres, não estava atrás de prosperidade e saúde nem procurava os atalhos do misticismo. Eles entraram em aliança para andar na lei de Deus, para cumprir os mandamentos do Senhor. O grande projeto de vida deles era a obediência. Eles queriam reforma de vida!

Em terceiro lugar, *a proibição do casamento misto* (10.30). O princípio espiritual tratado aqui é lealdade a Deus. Essas uniões mistas com estrangeiros pagãos era condenada pela lei (Êx 34.12-16), mas era permitida quando o estrangeiro era convertido a Deus. Como já destacamos, Rute, sendo moabita, casou-se com Boaz e tornou-se membro da família genealógica do Messias. O casamento misto, porém, pode produzir conflitos conjugais, desmoronamento do lar, bem como uma educação deficiente dos filhos (13.23-29).

O motivo, portanto, para proibirem o casamento misto não era racial, mas espiritual. A questão não era preconceito racial, mas pureza doutrinária. A mistura de credos levaria ao afrouxamento das relações com Deus.[135] Os casamentos mistos foram a porta da apostasia em muitas ocasiões na vida do povo. Muitos casamentos mistos eram feitos também por vantagens financeiras. A ascensão social era uma tentação naqueles dias difíceis e o casamento misto oferecia uma escada atraente.[136] Paul Freston afirma que o casamento com vizinhos pagãos no tempo de Neemias, era um meio de subir socialmente.[137] Esdras (Ed 9.1-3), Neemias (13.23-29) e Malaquias (Ml 2.10-16) confrontaram esse problema de forma firme depois do cativeiro babilônico.

O casamento misto sempre foi um problema na história do povo de Deus. O dilúvio foi provocado, quando os filhos de Deus se casaram com as filhas dos homens, ou seja, quando houve casamentos entre aqueles que serviam a Deus com aqueles que não O serviam (Gn 6.1-3). Mais tarde, quando o povo de Israel entrou na Terra Prometida, o casamento misto foi uma das causas da apostasia espiritual da nação, desaguando no cativeiro babilônico (Êx 34.16). Esse problema estava presente também no primeiro século da Igreja, o que levou o apóstolo Paulo a posicionar-se firmemente contra essa prática (2Co 6.14-17). O casamento misto ainda hoje é um grande problema.

Reforma espiritual. Uma aliança com Deus

Com respeito ao casamento misto há três possibilidades: 1) o cônjuge incrédulo não se converter; 2) o cônjuge incrédulo converter-se; 3) o cônjuge crente afastar-se da igreja. Setenta e cinco por cento dos casamentos mistos tornam-se experiências amargas para o cônjuge crente. Você teria coragem de pegar um vôo para determinado destino sabendo que naquela rota 75% dos vôos estão caindo? Você se aventuraria num casamento misto, sabendo que 75% por cento deles estão naufragando ou enfrentando sérios problemas?

Os jovens precisam se acautelar nessa área vital da vida. Creio que todo jovem crente precisa observar alguns aspectos antes de dizer sim no altar. A pessoa com quem vai se casar já nasceu de novo? É uma pessoa que tem caráter aprovado? Ela possui valores familiares sólidos? É uma pessoa que respeita os pais? Ela respeita você? Essa pessoa ama você e demonstra isso em palavras e atitudes? Seus pais apóiam esse relacionamento? As pessoas que acompanham você testificam positivamente acerca desse relacionamento?

Em quarto lugar, *a observância do dia do Senhor* (10.31). O princípio espiritual tratado aqui é acerca do uso do tempo, bem como do perigo da ganância e do vício do trabalho. A quebra do sábado era profanação da religião. Muitos evangélicos atualmente transgridem essa boa norma, comprando e vendendo no domingo, o dia do Senhor, o nosso sábado cristão.[138] Os comerciantes de fora colocaram em risco o povo de Deus e mais tarde eles acabaram caindo nessa cilada (13.15-22). Deus instituiu um dia para o descanso. Um dia para o homem cessar suas atividades de comprar e vender e voltar-se para Ele em adoração. Nesse dia, nenhum trabalho deve ser feito. É o dia do Senhor. A quebra do sábado era profanação da religião. O domingo é o dia do descanso do povo de Deus. O sábado é o memorial da criação. O domingo é o memorial da ressurreição. Os teólogos de Westminster assim escreveram sobre a guarda do dia do Senhor:

> Este sábado é santificado ao Senhor quando os homens, tendo devidamente preparado o coração e de antemão ordenado os seus negócios ordinários, não só guardam, durante todo o dia, um santo descanso das suas obras, suas palavras e seus pensamentos a respeito de seus empregos seculares e de suas recreações, mas também ocupam todo o tempo em exercícios públicos e particulares de culto e nos deveres de necessidade e de misericórdia (Êx 16.23-26,29,30; 31.15,16; Is 58.13).[139]

Um dos sinais de todo reavivamento na História é a volta à observância do dia do Senhor. Nesse dia não se deve comprar nem vender. Não se deve negociar nem buscar lucros. Hoje, porém, o comércio está abrindo, aos domingos, os crentes estão buscando no dia do Senhor tanto o trabalho quanto outras atividades afins. Hoje os crentes já não se preparam mais para o dia do Senhor. Nossas festas de entretenimento e confraternização avançam na madrugada do sábado e entram no dia do Senhor e aí as pessoas preferem dormir a ir à Casa de Deus. Não buscamos mais o Senhor em primeiro lugar. A busca do lucro ou do lazer em vez da busca da piedade pode ser um grande laço espiritual. É por essa porta que começa a secularização da igreja.

Em quinto lugar, *a observância do ano sabático* (10.31b). O princípio espiritual tratado aqui fala da ansiedade pelo futuro e da confiança em Deus (Êx 23.11; Lv 25.4-7,20-22; Dt 15.1-11). O ano sabático era o ano de descanso da terra e o ano do jubileu, o ano do perdão das dívidas. O povo precisava compreender que a terra é de Deus. O

Reforma espiritual. Uma aliança com Deus

povo deveria aprender que nós somos apenas mordomos. O propósito de Deus não era apenas de mordomia, mas também de confiança na providência divina, ao mesmo tempo em que protegia o povo da ganância.

Em sexto lugar, *a observância das ofertas para a manutenção do culto* (10.32-34). O princípio aqui é o uso do dinheiro e a importância do culto público. Eles deviam prover a Casa de Deus de todos os elementos do culto: os pães, os holocaustos, a lenha. Os sacerdotes e os levitas não apenas cobraram do povo, eles também com alegria e sacrifício ofertaram para a manutenção da Casa de Deus. Lembram que logo que chegaram do cativeiro, ao enfrentar a oposição, desistiram de investir na Casa de Deus. Construíam casas apaineladas e a Casa de Deus foi abandonada.

Precisamos ter prazer como Davi de dar o nosso melhor para a Casa de Deus. Era uma obrigação de cada judeu sustentar a Casa de Deus para que os sacerdotes, levitas, cantores e porteiros fossem sustentados e não precisassem lavrar a terra. Vemos hoje uma tendência preocupante na Igreja evangélica brasileira: o incentivo aos pastores para terem o seu trabalho secular e não dependerem financeiramente da igreja. O apóstolo Paulo diz que aqueles que pregam o evangelho devem viver do evangelho (1Co 9.14). Ele diz ainda que aqueles que semeiam as cousas espirituais, podem recolher bens materiais daqueles para quem ministram (1Co 9.11). Prossegue o apóstolo e diz: "Não sabeis vós que os que prestam serviços sagrados do próprio templo se alimentam? E quem serve ao altar do altar tira o seu sustento?" (1Co 9.13). O princípio bíblico é claro: o trabalhador é digno do seu salário (1Tm 5.18). O ministério exige dedicação integral. O soldado de Cristo não pode distrair-se com os negócios deste mundo (2Tm 2.4). Aquele que lança mão

NEEMIAS – O líder que restaurou uma nação

no arado do ministério não pode olhar em outras direções. Os obreiros devem dar o melhor de si e as igrejas, por outro lado, devem pagar aos seus obreiros um salário digno.

Em sétimo lugar, *a observância dos dízimos* (10.35-39). O dízimo é primícia e não sobra (10.35,36). O dízimo precisa ser trazido à Casa de Deus e não administrado pelo ofertante (10.35). O dízimo deveria ser recebido pelos levitas (10.37), pois cabia a eles a administração dos dízimos (10.39). O dízimo precisa ser administrado com transparência (10.38). Os levitas precisavam ser também dizimistas (10.38). Reter o dízimo é desamparar a Casa de Deus (10.39). Antes do exílio, o Templo, mui freqüentemente, fora um mero talismã, e seus cultos bem-freqüentados, um calmante para a consciência (Jr 7.4). Agora a tentação era inversa: ressentir-se do esforço e da despesa daquilo tudo.[140]

Paul Freston diz que, tomadas em conjunto, essas medidas abrangem pelo menos as seguintes áreas da vida: prioridades e lealdades (a questão dos casamentos mistos); o uso do tempo, a ganância e o vício do trabalho (o uso do sábado); a ansiedade pelo futuro e a confiança em Deus (o ano sabático e os dízimos e primícias); o uso do dinheiro e a importância do culto público (o imposto para o templo). O elo que une todas essas medidas é o econômico. Assim, buscavam-se casamentos socialmente vantajosos com pagãos; tratava-se o sábado como qualquer outro dia, pois isso aumentava os "dias úteis"; plantava-se a terra todos os anos, pois assim aumentava o estoque de grãos pelo mesmo fator; sonegavam-se os impostos para a manutenção do culto religioso, pois este era muito dispendioso. O arrependimento, com muito mais freqüência do que geralmente pensamos é econômico, pois o econômico expressa concretamente os valores da vida.[141]

Reforma espiritual. Uma aliança com Deus

Que "aliança fiel" a igreja evangélica deveria assumir com Deus hoje?

Quais as implicações de uma aliança com Deus? O conhecimento da Palavra deve nos levar a um compromisso de aliança com Deus e a uma reforma espiritual. Esta pode ser liderada por poucos, mas deve ter a participação de todos.

Os nossos compromissos com Deus não devem ser apenas gerais, mas também, e sobretudo, em áreas específicas como santificação, casamento, dia do Senhor, contribuição e adoração.

NOTAS DO CAPÍTULO 15

[134] BARBER, Cyril J. *Neemias e a dinâmica da liderança eficaz*, p. 124.

[135] MESQUITA, Antonio Neves de. *Estudo nos livros de Crônicas, Esdras, Neemias e Ester*, p. 282-283.

[136] KIDNER, Derek. *Esdras e Neemias*, p. 127.

[137] FRESTON, Paul. *Neemias: Um profissional a serviço do Reino*, p. 83.

[138] MESQUITA, Antonio Neves de. *Estudo nos livros de Crônicas, Esdras, Neemias e Ester*, p. 283.

[139] *A Confissão de Fé de Westminster*. São Paulo: Cultura Cristã, 2003, p. 178-179.

[140] KIDNER, Derek. *Esdras e Neemias*, p. 128.

[141] FRESTON, Paul. *Neemias: Um profissional a serviço do Reino*, p. 83-84.

Capítulo 16

A ocupação da cidade de Deus
(Neemias 11.1-36)

À GUISA DE INTRODUÇÃO, três coisas devem ser aqui enfatizadas:

Primeira, *a consolidação da obra feita.* A obra de Deus não é feita apenas dos momentos solenes, onde a multidão se reúne para estudar a Palavra, orar e adorar. Essa obra precisa ser consolidada no dia-a-dia. Sem uma base forte, tudo o mais entra em colapso.

Segunda, *a permanência da obra realizada.* A restauração não é uma coisa fácil. Os muros tinham sido levantados, as portas estabelecidas, os inimigos vencidos, a justiça social restabelecida, um despertamento espiritual iniciado e uma aliança com Deus havia sido feita. Contudo, e agora? Quando acabar a festa da celebração, na rotina do dia-a-dia, o que fazer para garantir a permanência dessa obra?

Terceira, *as pessoas são mais importantes do que a estrutura.* A cidade foi reconstruída, mas onde está o povo? A reforma foi feita, mas onde colocar as pessoas? Jerusalém foi arrancada dos escombros, mas o que faz a cidade: o povo ou as pedras? Jerusalém não pode ser um elefante branco. As pessoas são mais importantes do que a estrutura física. Como povoar a cidade de Jerusalém? Como ocupar o país que fora desolado? Como recomeçar depois de tantos anos de cativeiro?

Por que é importante povoar a cidade de Deus?

Neemias destaca algumas razões pelas quais o povoamento da cidade de Jerusalém era importante:

Em primeiro lugar, *porque Jerusalém é a cidade que Deus escolheu para ali colocar o seu nome.* Jerusalém é a cidade santa porque Deus habita nela; porque ela se separou para Deus; porque ela conhece a vontade de Deus; porque ela é comissionada por Deus para ser luz para as nações. Aquele povo tinha consciência de suas raízes e onde deveria se estabelecer. Eles eram o povo escolhido de Deus, uma nação de sacerdotes. O futuro de Israel estava agora em suas mãos. Toda a semente santa deveria ter escolhido morar lá, mas ao contrário, eles declinaram.

Em segundo lugar, *porque havia exigências mais rígidas.* Jerusalém é a cidade do grande Rei, é a cidade de Deus, um símbolo da Igreja. A Igreja é a Nova Jerusalém. Aqueles que não querem ser santos sentem-se desconfortáveis de habitar na cidade de Deus. Os perversos não prevalecerão na congregação dos justos.

Em terceiro lugar, *porque Jerusalém era o lugar mais visado e odiado pelos gentios.* Morar em Jerusalém era "perigoso".

A ocupação da cidade de Deus

Seus vizinhos sempre procuravam atacar a cidade. Mui freqüentemente, as pessoas se acovardam e não querem se expor. Têm medo de perseguição. Medo de perseguição manteve muitos fora da cidade. Eles não atentaram para o fato especial da proteção de Deus (Is 33.20; Sl 46.4,5). Muitos crentes ainda hoje têm medo do diabo e de seus ataques. A maneira de enfrentar essa guerra não é fugindo, mas enfrentando o inimigo. A luta é renhida, mas a vitória é certa. Deus não nos prometeu ausência de luta, mas vitória certa; não caminhada fácil, mas chegada segura. Sem sombra de dúvida, o arsenal mais pesado do inimigo é usado contra aqueles que mais resistem o seu reino de trevas. Não são nos prostíbulos, nos botequins, nos cassinos, nas boates, nem no cinema pornográfico que o diabo usa suas ciladas mais perigosas. O diabo não precisa usar suas armas contra aqueles que já estão em suas mãos. É contra a Igreja que o diabo e suas hordas mais se agitam. Entre as histórias das "mil e uma noites", encontramos a de Sindbad nos mares da Índia. Enorme rocha magnética destacava-se no meio das águas tranqüilas com aspecto inocente, sem oferecer perigo. Mas quando o navio de Sindbad se aproximou dela, a poderosa força magnética de que estava impregnada a rocha arrancou todos os pregos e cavilhas que mantinham unida a estrutura do barco. Desfeito em pedaços, condenou à morte os que nele viajavam. As forças do mal continuam em ação. Precisamos estar atentos para identificá-las, do contrário sofreremos sérios danos.[142]

Em quarto lugar, *porque morar fora de Jerusalém era economicamente mais vantajoso*. A cidade estava debilitada e o comércio fragilizado; faltava dinheiro. No interior, estariam aparentemente mais seguros e poderiam ser mais prósperos. Estamos em grande perigo quando buscamos o lucro mais do que a obediência. Ló foi seduzido pelas campinas verdes do Jordão. Para lá ele levou sua família e em Sodoma sofreu duros golpes e ali perdeu seus bens, sua mulher e sua paz.

Quais foram os meios para repovoar a cidade de Deus?

Neemias cita três meios básicos:

Em primeiro lugar, *os líderes deram exemplo* (11.1). Os líderes, morando em Jerusalém, eram um convite e um encorajamento para os outros. O exemplo vale mais do que leis, ou palavras. Se quisermos ver a Cidade de Deus cheia, a liderança tem de estar na frente. Em Jerusalém estão os tronos da justiça, os tronos da Casa de Davi (Sl 122.5). Dela emana a lei de Deus. Calvino disse que o púlpito é o trono de onde Deus governa o Seu povo.[143] Jerusalém é um símbolo da Igreja.

Em segundo lugar, *alguns se ofereceram voluntariamente para habitar Jerusalém* (11.2). Eles abriram mão de vantagens pessoais pelo bem da coletividade. Eles são abnegados porque têm a visão do Reino de Deus. Não buscam apenas interesses pessoais, pois têm consciência de que são um corpo. Semelhantemente, eles buscam Jerusalém porque lá está a Casa de Deus. Eles entendem que comunhão com Deus é mais importante do que prosperidade. A piedade com contentamento é grande fonte de lucro, diz o apóstolo Paulo (1Tm 6.6). Como dissemos, Ló buscou prosperidade em Sodoma e lá perdeu seu testemunho, seus bens e sua família. As vantagens do mundo são pura perda. Neemias mencionou algumas pessoas que vieram morar em Jerusalém por amor mais do que por dever. Elas vieram por patriotismo, por isso foram consideradas benditas. Renunciaram suas vantagens, segurança e prosperidade,

A ocupação da cidade de Deus

visto que nesse tempo Jerusalém era alvo de complôs e ataques dos inimigos.

Em terceiro lugar, *alguns vieram porque foram chamados irresistivelmente pelo lançamento de sortes* (11.1b). O lançar de sortes mostra sua submissão à vontade do Senhor (Pv 16.33).[144] A cidade estava reconstruída, mas estava vazia (7.4). A cidade tinha de ser habitada por judeus genuínos. Os muros tinham sido levantados. Agora a cidade tinha estrutura, mas não tinha gente. Havia muito espaço vazio. É assim na igreja hoje também. Deus tem muito povo na cidade enquanto há ainda muitos bancos vazios na igreja. Precisamos sair pelas ruas da cidade e encher a Casa do Senhor. Ainda há lugar!

Quem fez parte do repovoamento da cidade de Deus?

Neemias destaca três grupos distintos que repovoaram a cidade de Jerusalém:

Em primeiro lugar, *o remanescente fiel.* Nem todos os de Israel são de fato israelitas. Nem todas as tribos foram congregadas nem todas as pessoas das duas tribos remanescentes vieram para repovoar o país e a cidade de Jerusalém. As dez tribos do Norte foram levadas cativas pela Assíria e não mais voltaram. Os que ficaram, se misturaram com outros povos, tornando-se um povo misto, chamado samaritano. Os samaritanos fizeram oposição à obra de Deus. Mas das doze tribos, duas tornaram-se o remanescente. Aqui está a linhagem de Davi, a linhagem do Messias. Deus nunca deixou de preservar o Seu povo. O remanescente jamais será destruído. Com essas duas tribos, Benjamim e Judá, o povo da promessa prosseguiu até a vinda de Cristo.

Em segundo lugar, *o povo conduzido por sua liderança.* Os líderes estão à frente na aliança e agora no repovoamento

(11.3,4a). A população não era uma massa amorfa, mas, sim, uma sociedade ordenada, conforme era apropriado para o povo da "cidade santa" (11.1,13).[145] O povo sempre está disposto a seguir seus líderes quando esses tomam a decisão de andar com Deus. Neemias adotou um sistema de governo descentralizado, mesmo na contramão de todo modelo vigente naquela época.

O povo está sendo desafiado a resgatar sua credibilidade diante de Deus e dos homens. Há aqui um princípio básico: o sentimento de pertencer. Cada um se sente parte do todo.

Neemias cita primeiro as famílias de Judá (11.4b-6). Judá é uma tribo grande, enquanto Benjamim é uma tribo pequena. Essas pessoas eram cabeças de famílias. Elas representavam seus descendentes. Elas estão dando rumo espiritual aos seus filhos. Embora os de Judá fossem menos em número, ou seja, 468 (11.6), eles eram mais valentes, preparados para a obra e mais hábeis para proteger a cidade em caso de ataque. Não basta morar na cidade, é preciso protegê-la.

Depois, ele cita as famílias de Benjamim (11.7-9). Os benjamitas eram conhecidos por sua bravura selvagem e coragem na guerra (Gn 49.27; 1Cr 8.40). Cada homem tem jurisdição sobre o seu próprio grupo. Esses nomes mencionados são cabeças de famílias.

Em terceiro lugar, *os obreiros da Casa de Deus*. O culto é o centro da vida do povo de Deus. O fim principal da nossa vida é glorificar a Deus, por isso o culto deve ser o centro da nossa vida. É conhecida a posição de John Piper quando diz que adoração e não missões é a ocupação principal da igreja, porque Deus, e não o homem, é o centro de todas as coisas. O propósito de missões é que os povos adorem o Deus

A ocupação da cidade de Deus

vivo, que está assentado no trono do universo. A. W. Tozer diz que a Igreja deve manter em pleno foco a majestade de Deus em todo culto.[146] John Frame, escrevendo sobre adoração, afirma:

> Porque Deus é quem diz que é, a adoração deve ser teocêntrica. Nós adoramos a Deus porque Ele supremamente merece ser adorado e deseja ser adorado. Nós adoramos para agradar a Deus e não a nós mesmos. Nesse sentido, adoração é vertical, focada em Deus. Não devemos adorar para sermos entretidos ou para melhorar a nossa auto-estima, mas para honrar nosso Senhor que nos criou e nos redimiu.[147]

Há um destaque especial a algumas categorias no povoamento da cidade de Deus.

Primeiro, *os sacerdotes* (11.10-14). Eles ensinam a lei, oram pelo povo e representam o povo diante de Deus. A Palavra de Deus precisa ser proclamada. Jerusalém não pode ficar sem os sacerdotes. O templo e o culto têm um lugar central na vida do povo de Deus. Os sacerdotes precisavam ter dedicação exclusiva para o trabalho do Senhor (At 6.4).

Segundo, *os levitas* (11.15-18). Muito do trabalho dos levitas era ensinar a Palavra de Deus em todo o território. Por isso, eles foram espalhados por todo o território de Israel (11.1). É preciso trabalhar em Jerusalém e também fora dela (11.16; At 1.8). Eles cuidavam de todos os aspectos da Casa de Deus. Eles recolhiam os dízimos e os repartiam. Eles eram os diáconos do templo. Aqueles que cuidam do sustento da obra de Deus são tão importantes e necessários quanto aqueles que estão na linha de frente, através da oração e do ministério da Palavra (At 6.4). Ainda hoje a obra missionária é feita com a participação efetiva de toda a igreja. Uns oram, outros contribuem, e outros saem a pregar aqui, ali e além fronteira. Uns descem, outros seguram a corda.

Terceiro, *os porteiros* (11.19). Eles têm a incumbência de guardar e vigiar a cidade. Havia o perigo de comércio no dia do Senhor e de invasão dos inimigos (At 20.29,30). Precisamos vigiar para que o lobo não entre e para que o diabo não semeie o seu joio no meio do trigal de Deus.

Quarto, *os servidores do templo* (11.21). Eles eram encarregados de serviços gerais. No corpo há diferentes membros, mas todos têm dons e ministérios. Aqueles que cuidam das dependências da Casa de Deus merecem nosso reconhecimento. Neemias não os deixou de fora.

Quinto, *os cantores* (11.22). A música sempre foi muito valorizada pelo povo de Deus. Leslie Flynn considera a música a linguagem da alma.[148] Os cantores faziam parte dos levitas. Eles tinham dedicação exclusiva nesse ministério. O louvor é algo importante. Os cantores tinham um bom ouvido e uma boa voz. Eles eram escolhidos para conduzir os salmos. Eram os condutores do culto, pessoas especializadas. A música na Bíblia tem lugar fundamental (Sl 40.3; Ef 5.19,20; Ap 4-5). A música exerceu um papel fundamental na Reforma do século 16, nos grandes reavivamentos históricos. Ainda hoje, a música exerce um papel de alto valor na evangelização, ensino e edificação do povo de Deus.

Como deve ser o repovoamento da cidade de Deus?

Neemias destaca dois princípios importantes no repovoamento da cidade de Jerusalém:

Em primeiro lugar, *o repovoamento de Jerusalém não pode ser concentrador* (11.25-36). O crescimento de Jerusalém precisa passar por uma questão de equilíbrio. Podem existir

A ocupação da cidade de Deus

dois extremos: O primeiro, é não querer estar em Jerusalém; o segundo, é só querer estar em Jerusalém. O crescimento não pode ser apenas concentrador. Primeiro se fortalece a base, mas depois é preciso habitar todo o território (Js 13.1). O crescimento de Jerusalém não pode ser em detrimento de todo o território de Israel. Neemias descreveu os lugares onde se estabeleceram as tribos de Judá (11.25-30) e de Benjamim (11.31-35). Também tratou da transferência de levitas de Judá para Benjamim (11.36).

Em segundo lugar, *o repovoamento de Jerusalém precisa ser feito com dependência de Deus e planejamento humano.* Existe cuidado com a cidade, com o templo e com o culto; existe o princípio da liderança; existe a preocupação com a segurança da cidade; existe planejamento para o repovoamento da cidade e da nação; existe o cuidado com a fiscalização (11.24). O próprio rei persa estabeleceu uma pessoa para julgar e deliberar entre homem e homem, entre os príncipes e o povo. Petaías deve ter sido uma espécie de fiscal de renda em Israel (11.24).

Concluindo, este capítulo nos fala sobre a diversidade e unidade do povo de Deus. Primeiro, *diversidade do povo:* localidade, ocupação e ministérios. Segundo, *unidade do povo:* de raça, de fé, de relacionamento, de propósito. Quais são os deveres decorrentes dessa diversidade e unidade? Contentamento de cada um em sua posição; mútua estima e afeição; mútua ajuda e ação conjunta.

NEEMIAS – O líder que restaurou uma nação

Notas do capítulo 16

[142] LOPES, Hernandes Dias. *Marcado para vencer*. São Paulo: Candeia, 1999, p. 16.

[143] Ibidem. *A importância da pregação expositiva para o crescimento da Igreja*, p. 50.

[144] BARBER, Cyril J. *Neemias e a dinâmica da liderança eficaz*, p. 133.

[145] KIDNER, Derek. *Esdras e Neemias*, p. 129.

[146] FLYNN, Leslie B. *Worship: together we celebrate*. Wheaton, Illinois: Victor Books, 1983, p. 23.

[147] FRAME, John M. *Contemporary worship music*. Phillipsburg, NJ: P&R Publishing, 1997, p. 15.

[148] FLYNN, Leslie B. *Worship: together we celebrate*, p. 76.

Capítulo 17

A importância do louvor na vida do povo de Deus
(Neemias 12.1-47)

NO ANO 444 A.C., Neemias levantou os muros de Jerusalém; em 1989, caiu o muro de Berlim. O muro de Berlim era um símbolo de separação e morte; o muro de Jerusalém era símbolo de proteção, união e vida. Os muros representavam a unidade de Jerusalém: era uma só cidade e um só povo.[149]

Uma grande festa espiritual aconteceu na dedicação dos muros de Jerusalém. Aquela inauguração foi celebrada com muita música. A música é a arte do céu, a rainha das artes, a linguagem da alma. A música é universal, transcendental, atemporal e eterna. A música é um veículo de comunicação anterior à palavra. Davi afirmou que os céus proclamam a glória de Deus e o firmamento anuncia as obras das Suas mãos. Os céus celebram uma música que atinge os ouvidos e os olhos. A música é uma das forças mais poderosas do mundo. O ritmo interfere em nossa estrutura muscular, altera nosso batimento cardíaco, nossa velocidade de marcha ou nosso sistema respiratório. A melodia interfere poderosamente nas emoções e pode levar pessoas da alegria às lágrimas ou da euforia à calma em poucos instantes. A harmonia interfere no esforço intelectual do ouvinte para apreciar a música.

A música é um instrumento de comunicação do homem com Deus e de Deus com o homem. O homem fala a Deus através dos cânticos e Deus fala ao homem por intermédio da música. A música é veículo de mão dupla. Por ela, louvamos a Deus e também proclamamos a mensagem de Deus aos homens.

Há dois tipos distintos de música: Primeiro, a música como impressão. Ela visa a despertar um sentimento e não comunicar uma mensagem. Ela é um fim em si mesma. Agostinho, no seu livro *Confissões,* admitiu que quando a música o sensibilizava mais do que as letras que se cantavam, tinha a clara sensação de que havia pecado. Segundo, a música como expressão. Esta é serva da mensagem e não substituto dela. Lutero dizia que a música deve ser sermão em sons.

Algumas lições importantes podemos tirar à guisa de introdução:

Em primeiro lugar, *devemos celebrar louvores a Deus pelas nossas vitórias* (12.27). Jerusalém viveu mais de cem anos debaixo de escombros. Agora a cidade foi restaurada, os muros foram reconstruídos e o povo celebrou com grande e intenso júbilo essa conquista. Precisamos celebrar com grande júbilo as nossas conquistas. A vida cristã deve

A importância do louvor na vida do povo de Deus

parecer mais com uma festa de casamento do que com um enterro. A música marca as grandes celebrações e vitórias do povo de Deus. Miriam cantou depois da travessia do mar Vermelho. Davi cantou ao trazer a Arca da Aliança para Jerusalém. Tiago diz: "Está alguém alegre? Cante louvores" (Tg 5.13).

Em segundo lugar, *devemos celebrar louvores a Deus com união entre os irmãos* (12.27-29,43). Todos os sacerdotes, levitas e cantores, deveriam vir, de todos os lugares, para a grande celebração. A liderança unida trouxe alegria entre todo o povo (12.43). A união do povo de Deus, já é uma grande causa de alegria e um símbolo de vitória. Naquela festa os líderes e todo o povo celebraram ao Senhor. Onde há união entre o povo de Deus, ali o Senhor ordena a Sua bênção e a vida para sempre. Não há adoração vertical sem comunhão horizontal. Não podemos cultuar a Deus de forma sincera se não amarmos os irmãos de forma verdadeira. Onde falta comunhão, inexiste adoração.

Em terceiro lugar, *devemos celebrar louvores a Deus com grande alegria* (12.27,43). A alegria é uma das marcas distintivas do povo de Deus. A alegria do Senhor é a nossa força (Ne 8.10). As celebrações do povo de Deus precisam ser festivas e cheias de grande júbilo. O evangelho que abraçamos é boa-nova de grande alegria. O Reino de Deus que está em nós é alegria. O fruto do Espírito Santo é alegria. A ordem de Deus para a Igreja é: "alegrai-vos!". A música foi e é usada para celebrar os grandes eventos da História. Os anjos cantaram alegremente quando Deus lançou os fundamentos da terra (Jó 38.7). Os anjos cobriram o céu para celebrar majestosamente o nascimento de Jesus (Lc 2.14). A descida do Espírito Santo no Pentecostes foi com um som como de vento impetuoso (At 2.1-4). A segunda

NEEMIAS – O líder que restaurou uma nação

vinda de Cristo será acompanhada pelo soar da trombeta de Deus (1Ts 4.16). A música será o próprio clima do céu (Ap 5.5-13).

Em quarto lugar, *devemos celebrar louvores a Deus com vida pura* (12.30). Os sacerdotes e os levitas se purificaram e purificaram o povo. Devemos chegar diante de Deus com vidas limpas e levantar mãos santas. Jamais poderá haver louvor e adoração se não houver dedicação de vidas ao Senhor. Somos uma nação de levitas e sacerdotes chamados para a adoração (1Pe 2.9). João de Souza Filho, tratando deste magno assunto, escreve:

> O louvor faz parte da restauração do povo de Deus. Ele é praticado não porque é bonito e nos faz bem; nem porque ocupa um lugar no culto a Deus, ou porque serve para atrair as pessoas. O louvor é fruto de vidas consagradas. É a expressão viva do próprio Espírito de Deus pelos lábios de seu povo.[150]

Em quinto lugar, *devemos celebrar louvores a Deus com ordem e arte* (12.8,9,24,27,36,42). Os levitas eram encarregados de celebrar. Dentre eles havia os cantores, os instrumentistas, os compositores, bem como o regente. Tudo é feito com arte e com ordem. *Os netofatitas* (12.28) eram os compositores. A palavra *netofatita* significa gotejante ou destilar como gotas de orvalho.[151] Isso significa falar por inspiração. Eles eram os poetas, os compositores. Eles tinham uma grande contribuição na restauração do louvor na casa de Deus.

Em sexto lugar, *devemos celebrar louvores a Deus com a fidelidade das nossas ofertas* (12.44-47). Há uma conexão entre os lábios e o bolso. Louvamos a Deus com os nossos lábios e honramos a Deus com as primícias de toda a nossa renda. A Palavra de Deus nos ordena a honrar ao Senhor

A importância do louvor na vida do povo de Deus

com as primícias de toda a nossa renda (Pv 3.9). O profeta Malaquias nos exorta a voltarmo-nos para Deus antes de trazermos os dízimos à Casa do Tesouro (Ml 3.6-12). Quando o coração se volta para Deus, o bolso naturalmente abre-se com liberalidade. Quem ama a Deus, dá com alegria.

Qual é o caminho a percorrer para o perfeito louvor e adoração? O caminho percorrido pelos coros, pelos instrumentistas e pelos músicos sugere-nos muitas lições espirituais. Subscrevemos a preciosa interpretação do ilustre escritor João A. de Souza Filho acerca do significado dessas portas e torres.[152] Vejamos:

A Porta do Monturo (12.31) – Quebrantamento

Os grupos de louvor e adoração começam a caminhada sobre os muros pela Porta do Monturo. *Monturo* no hebraico significa ruínas, lugar onde se amontoam os lixos da cidade, conhecido como o Vale dos filhos de Hinom. Os condenados à morte na cruz, depois de mortos, eram atirados ao monturo, bem assim os animais mortos. A Porta do Monturo era uma espécie de forno crematório.[153]

Espiritualmente, este texto fala da miséria do homem. Somos pecadores, precisamos nos humilhar. Antes de louvarmos a Deus, temos de passar pela Porta do Monturo, do quebrantamento, da humilhação, da convicção de pecado, da confissão. É ali que reconhecemos que somos pó e precisamos da misericórdia de Deus. É ali o lugar do exame, onde despojamos-nos de qualquer pretensa vaidade e nos humilhamos sob a poderosa mão de Deus. É ali que somos confrontados com o mal que há em nós. É ali que podemos proclamar como Davi: "Deus tirou-me de um poço de perdição, de um tremedal de lama[...] e me pôs nos lábios um novo cântico..." (Sl 42.2,3).

NEEMIAS – O líder que restaurou uma nação

A Porta da Fonte (12.37) – Novo nascimento

Esta porta com o seu muro dava para o jardim do rei, perto do açude de Selá que nós conhecemos como o Tanque de Siloé.[154] A fonte é um lugar onde a água brota, é um manancial. Deus é esse manancial. O próprio Deus proclamou ao Seu povo: "A mim me deixaram, o manancial de águas vivas" (Jr 2.13). Jesus Cristo disse: "A água que eu lhe der será nele uma fonte" (Jo 4.14). Depois da Porta do Monturo, passamos pela Porta da Fonte, a porta do novo nascimento.[155]

Essa é a porta onde bebemos constantemente de Jesus, a água da vida. Todo o que vem a Jerusalém, à igreja, precisa experimentar o novo nascimento, precisa beber de Jesus e ter essa fonte jorrando em si mesmo (Jo 7.37,38). Jesus disse: "Quem não nascer da água e do Espírito, não pode entrar no Reino de Deus" (Jo 3.5). Nenhum músico e nenhum adorador pode estar diante de Deus sem passar por esse portal. Deus é a fonte, Cristo é a água da vida e o Espírito Santo representa os rios de água viva que fluem do interior. Quando essa fonte jorrar de dentro de você, então, o louvor brotará de seu coração e se esparramará pelos seus lábios.

A Porta das Águas (12.37) – Enchimento do Espírito

Enquanto a Porta da Fonte fala do lugar onde brotam águas, a Porta das Águas fala das correntes que levam aos mananciais das águas. Não é uma fonte de onde emana água, mas um lugar de águas correntes.[156] Esse é um símbolo do enchimento do Espírito Santo. A Porta das Águas tem a ver com o enchimento constante do Espírito na vida do cristão.[157] É vital que todos os dias nos banhemos nas águas que correm do trono de Deus, antes de nos colocarmos

A importância do louvor na vida do povo de Deus

diante Dele em adoração e louvor. As pessoas que ministram e celebram o louvor precisam deixar aqui na Porta das Águas tudo o que é carnal e toda motivação egoísta e buscar a plenitude do Espírito Santo.

Em 1997, tive o privilégio de visitar a Igreja Presbiteriana de Onuri, em Seul, na Coréia do Sul. É uma igreja com mais de dezoito mil membros. Participei de um culto dos jovens num domingo das 13 às 15 horas. Mesmo não entendendo uma palavra sequer que foi cantada, não pude conter as lágrimas, durante todo o culto. O aspecto do rosto daqueles que dirigiam o louvor era angelical. Eles cantavam com graça, unção e poder. Fiquei indagando o meu próprio coração quanto à razão dessa unção especial que havia na vida daqueles jovens. Um ano depois, pregando num acampamento da Igreja Coreana de São Paulo, soube que o ministro de louvor da igreja de Onuri esteve em São Paulo ministrando sobre adoração. Ele afirmou que antes de ir à frente da igreja para dirigir o louvor ele passa cerca de dez horas em oração, preparando sua vida para esse glorioso mister. Então entendi por que minha vida tinha sido tão impactada naquela época.

Não basta apenas termos melhores técnicas de canto ou musicistas mais qualificados. Precisamos de adoradores cheios do Espírito Santo. O desempenho e a arte podem impactar os homens, mas só uma vida cheia do Espírito pode agradar o coração de Deus.

A Torre dos Fornos (12.38) – Purificação

João de Souza Filho diz que para a restauração da vida de louvor e adoração na igreja, é necessária a passagem pelo fogo. Não somente a confissão de pecados na Porta do Monturo, o beber de Cristo na Porta da Fonte e a santificação na Porta das Águas, mas também precisamos passar pela Torre dos Fornos.[158]

Na Torre dos Fornos, precisamos passar pelo fogo purificador. Aqui a escória precisa ser queimada. Nessa torre, tudo que é palha e sem valor deve ser queimado. Nessa torre, o fogo de Deus queima todo o entulho, todo lixo e toda impureza. Nessa torre, somos batizados com fogo. O fogo de Deus não vem para nos destruir, mas para nos purificar. Ele queima a escória e purifica o ouro. O propósito do ourives é ver o seu rosto refletido no metal. De igual forma, Deus nos leva à Torre dos Fornos para nos limpar, nos burilar e fazer refletir Sua imagem em nós.

Assim como Isaías foi purificado por uma brasa viva que tocou seus lábios, aqui Deus nos purifica, nos limpa e tira de nós toda escória. Deus quer conduzir cada músico, cada cantor e cada adorador até à Torre dos Fornos para purificá-lo. Nenhuma impureza pode ficar. Quando nos acrisolarmos no fogo de Deus, seremos sacerdotes e levitas santos para o louvor de Deus.

O Muro Largo (12.38) – Exultação

O Muro Largo é aquele que leva a todas as direções. É um lugar espaçoso em que não há aperto.[159] À medida que as pessoas andam sobre o muro e passam pelas portas e pela torre, vão chegando ao muro largo. Na vida de louvor da igreja, na restauração dos louvores e na adoração a Deus, encontramos o lugar da liberdade em Cristo. O culto não é engessado por formas rígidas e inflexíveis, por liturgias frias e sem condução do Espírito. Há espaço para alegria e exultação no Espírito. Há espaço para o choro e o quebrantamento. Há espaço para a alegria indizível e para o gemido de dor. O ritualismo deixa de existir, o culto frio cede lugar a um culto participativo, alegre, jubiloso, envolvendo todos os remidos do Senhor. Não é culto do homem para o homem, não é show. Não se prioriza a forma, mas a consagração da vida ao Senhor. O grande compositor Hydn muitas vezes ajoelhou-se diante do órgão pedindo inspiração a Deus. Quando ouviu sua grande peça musical "A criação" sendo apresentada, em lágrimas disse: "Não de mim, Senhor"! Johannes Sebastian Bach foi considerado o músico mais completo de todos os tempos. No final das suas obras sempre havia S.D.G., ou seja, Soli Deo Gloria.

O livro de Salmos reflete de forma vívida a alegria que o povo de Deus deve celebrar. Podemos expressar livremente nossas emoções diante de Deus. Precisamos combater vigorosamente o emocionalismo. Este é estéril e vazio. Mas não podemos reprimir as emoções profundas que emanam de uma razão inflamada pelo conhecimento da verdade. Aquele que diz que conhece a Deus e se mantém diante Dele de forma apática, possivelmente ainda não O conhece. Na presença de Deus, há plenitude de alegria e delícias perpetuamente. Devemos entrar em Sua presença com cânticos de louvor e movidos por intenso júbilo.

A Porta de Efraim (12.39) – Produção de frutos

De acordo com Gênesis 41.52, Efraim quer dizer: "duplamente frutífero". Temos aqui um marco da nossa dupla frutificação em Cristo. O louvor produz frutos na vida da Igreja. O povo de Deus precisa descobrir que o louvor, a adoração e a ministração ao Senhor são tão importantes no culto quanto a Palavra.[160]

A música é serva da mensagem, instrumento de comunicação de Deus com o homem e do homem com Deus. O louvor deve ser resultado da vida frutífera da igreja. As pessoas louvam e adoram porque têm vida e não porque há um bloco de cânticos e outro de pregação no culto. Louvor sem vida é barulho intolerável aos ouvidos de Deus (Am 5.20,21). A igreja cresce no louvor. A música tem o poder de trazer quebrantamento (Sl 40.3), pois Deus habita no meio dos louvores. Igrejas que crescem são igrejas que investem na música. Rick Warren, ao ser perguntado se mudaria alguma coisa caso pudesse começar de novo o seu ministério, respondeu: "Eu investiria mais dinheiro, mais tempo e mais esforço na música".

A Porta Velha (12.39) – Experiência

A Porta Velha é referida em 2Reis 14.13 e Jeremias 31.38 como a Porta da Esquina, o lugar onde as muralhas faziam a volta. As muralhas eram circulares, tanto quanto o permitia a geografia.[161]

A Porta Velha fala daquilo que é veterano e experimentado. Essa porta é um símbolo da experiência. Ela já tinha presenciado lutas e vitórias, resistido ao poder e à queda de reis. Gerações passaram e a Porta Velha adquiriu experiência e sabedoria. Essa porta pode significar muito a respeito da experiência da restauração dos hinos antigos na vida da Igreja.[162] Temos a tendência de nos apegar somente ao novo. Mas há elementos do passado que não podem ser jogados fora. Há hinos e cânticos antigos que precisam ser ensinados aos filhos, aos jovens e perpetuados às gerações. A música na Igreja primitiva foi principalmente composta de salmos e hinos. Por 1.500 anos, a melhor música do mundo esteve na Igreja. Hoje, estamos assistindo a uma explosão de músicas rasas em teologia, refletindo a superficialidade doutrinária da Igreja contemporânea. A música evangélica

A importância do louvor na vida do povo de Deus

precisa refletir a Palavra. Ela deve ser um meio e não um fim em si mesma. Ela é veículo e serva da mensagem.

Nessa marcha de louvores sobre os muros de Jerusalém, a Porta Velha restaura o que de bom e melhor Deus preservou no decorrer dos séculos. Na Porta Velha, dobramo-nos ao Senhor da Igreja e restauramos as veredas antigas. Estejamos sempre abertos ao que é novo, desde que esse novo seja fiel às Escrituras, sem, contudo, abandonar a rica herança que herdamos dos nossos pais.

A Porta do Peixe (12.39) – Crescimento numérico

Essa porta ficava ao ocidente, quando a cidade descambava para as planuras de Escol. Era ali o lugar onde os peixeiros vinham fazer os seus negócios com o povo da cidade (13.16).[163]

Peixe no Novo Testamento está ligado à vocação. Aparece ligado ao chamamento dos discípulos (Lc 5.1-11; Jo 21.1-23). Assim como o peixe tem uma capacidade de alta reprodutividade, somos chamados também a produzirmos muito fruto. O louvor, além de trazer a bênção dobrada à Igreja como na Porta de Efraim, leva a Igreja ao crescimento numérico na Porta do Peixe.

A igreja que louva e adora cresce em graça e em número. O louvor cativa os homens, traz os jovens para Deus, atrai as pessoas para o Reino e as leva a um confronto diante das exigências da Palavra. Muitas pessoas foram ganhas para Jesus pelo louvor. Uma congregação que louva verdadeiramente produzirá muitos frutos (Sl 40.3). A música é veículo da mensagem de Deus aos homens e da adoração dos homens a Deus. O louvor é decisivamente evangelístico. Por meio dele, a Igreja se prostra diante do trono e por meio dele, os pecadores se rendem a Jesus.

A Torre de Hananeel (12.39) – A misericórdia de Deus

Essa Torre fala da graça e da misericórdia de Deus. Nessa caminhada do louvor, temos de confessar que somente pela graça é que somos capacitados a andar juntos.[164]

Não há ministério na igreja mais atacado pelo diabo do que o ministério de louvor. Aí surgem as maiores polêmicas, os maiores atritos, os maiores descontentamentos e as maiores divisões. O diabo não gosta de ver o povo de Deus louvando e tributando vitória ao Senhor. Por isso, ele ataca os corais, os conjuntos e a música na igreja. Muitas vezes somos tentados a desanimar ao ver nossos esforços fragmentados. Mas essa torre é um lugar de parada e de reflexão. Precisamos recobrar o ânimo e saber que a misericórdia de Deus deve ser nossa motivação para o louvor. Devemos cantar sempre: "Foi graça, graça, superabundante graça. Foi só pela graça de Jesus que eu venci e cheguei aqui".

A Torre dos Cem (12.39) – A Palavra de Deus

Esta palavra é a mesma de Gênesis 26.12 que fala da multiplicação dos grãos, alimento para o homem: "[...]porque o Senhor o abençoava". A multiplicação é associada à bênção do Senhor. O que dizer sobre a Torre dos Cem? O louvor que deve ser cantado na igreja deve ser baseado na Palavra de Deus, que é alimento para o homem. Nessa base, a Palavra de Deus traz sua bênção à vida de louvor da igreja.[165]

Um dos grandes problemas da música gospel é que muitos compositores são neófitos e rasos no conhecimento da teologia. Há uma profusão de músicas evangélicas extremamente pobres em conteúdo. Há outras músicas que chegam até mesmo a ferir os ensinos fundamentais da fé cristã. Precisamos ser mais criteriosos nessa questão. A música deve ser serva da mensagem. Ela é um veículo e

A importância do louvor na vida do povo de Deus

não um fim em si mesmo. Há muita música no mercado evangélico que visa a mexer com as emoções e não proclamar a mensagem salvífica do evangelho. Precisamos reformar não apenas a teologia, mas também a música, pois esta deve ser um canal para o ensino da sã teologia. Cantar a Palavra ou cantar segundo a Palavra é que produz frutos dignos de Deus. Na Torre dos Cem, encontramos a Palavra de Deus produzindo a cem por um. O verdadeiro louvor deve levar-nos de volta à Palavra. Louvor é a Palavra fluindo na reunião da igreja. É a pregação cantada pelo povo de Deus. Cantar textos inspirados por Deus é levar a Palavra a multiplicar-se nas vidas.

A Porta do Gado (12.39) – Rebanho de Deus

Todo adorador precisa passar pelo cajado e pela vara de Deus. O adorador precisa saber que é ovelha sob o cuidado do divino pastor. Precisa alegrar-se na companhia do pastor, descansar sob seu cuidado, satisfazer-se com sua provisão e sentir segurança em sua disciplina.

Esse texto fala da Igreja como rebanho de Deus. Todos nós temos de estar sob o comando da Sua vara e de Seu cajado (Sl 23.4). Nenhuma pessoa pode louvar e adorar sem que sua vida esteja totalmente submissa ao cajado e à vara de Deus. O adorador é uma pessoa que sente o amor, a proteção, o cuidado e a correção de Deus. O adorador sabe que é disciplinado quando vacila ou desobedece. Ele não é um bastardo, mas um filho; não é um lobo, mas uma ovelha; não é um estranho, mas concidadão dos santos. A Porta das Ovelhas é o lugar onde nós nos reunimos como rebanho de Deus e nos colocamos sob o governo e a ordem do Supremo Pastor.[166]

A Porta da Guarda (12.39) – Passados em revista

A Porta da Guarda fala de inspeção, vigilância e juízo. Traz a idéia de registro e inspeção. Esse é o lugar onde somos passados em revista. Essa é uma parada obrigatória para todos. Aqui os dois coros encontram-se antes de descer à Casa de Deus. Aqui alguns ficam retidos por não apresentarem as condições exigidas. É feita uma inspeção para avaliar a condição espiritual de cada adorador.

Para entrar em comunhão com Deus, na Casa de Deus, é preciso examinar a própria vida (Sl 15.1-5). Somente os aprovados entrarão na intimidade de Deus. É preciso passar pelo exame de Deus, pois Ele olha para o coração. Deus exige consagração, verdade no íntimo e só então vamos entrar no santo dos santos para adorar verdadeiramente. Sem passar por esses passos, nosso louvor não agradará a Deus. É preciso restaurar o louvor do Senhor na Casa do Senhor. A casa de Deus é mais do que o templo, somos a morada de Deus. Devemos glorificar a Deus no nosso corpo.

Quando o povo de Deus se consagra, Deus o alegra (12.43). Então, há integração no louvor (12.43) e a alegria do povo torna-se contagiante (12.43). O resultado é que os dízimos são devolvidos, os ministros do templo são reintegrados na obra e a igreja se enche de santa alegria (12.44).

Como resultado dessa consagração, os ministros se tornaram mais cuidadosos do que tinham sido na obra (12.45) e o povo se tornou mais cuidadoso do que tinha sido na manutenção dos ministros de Deus (12.44).

A importância do louvor na vida do povo de Deus

Notas do capítulo 17

[149] SOUZA FILHO, João A. de. *Com Alegria e Louvor*. Venda Nova, MG:. Betânia, 1991, p. 15.

[150] SOUZA FILHO, João A. de. *Com Alegria e Louvor*, p. 12.

[151] Ibid., p. 16.

[152] SOUZA FILHO, João A. de. *Com Alegria e Louvor*, p. 33-63.

[153] MESQUITA, Antonio Neves de. *Estudo nos livros de Crônicas, Esdras, Neemias e Ester*, p. 260.

[154] MESQUITA, Antonio Neves de. *Estudo nos livros de Crônicas, Esdras, Neemias e Ester*, p. 260-261.

[155] SOUZA FILHO, João A. de. *Com Alegria e Louvor*, p. 37.

[156] Ibid., p. 39.

[157] Loc. cit., p. 39.

[158] SOUZA FILHO, João A. de. *Com Alegria e Louvor*, p. 41.

[159] Ibid., p. 44.

[160] SOUZA FILHO, João A. de. *Com Alegria e Louvor*, p. 47.

[161] MESQUITA, Antonio Neves de. *Estudo nos livros de Crônicas, Esdras, Neemias e Ester*, p. 258.

[162] SOUZA FILHO, João A. de. *Com Alegria e Louvor*, p. 50.

[163] MESQUITA, Antonio Neves de. *Estudo nos livros de Crônicas, Esdras, Neemias e Ester*, p. 258.

[164] SOUZA FILHO, João A. de. *Com Alegria e Louvor*, p. 56.

[165] SOUZA FILHO, João A. de. *Com Alegria e Louvor*, p. 58.

[166] SOUZA FILHO, João A. de. *Com Alegria e Louvor*, p. 63.

Capítulo 18

A restauração da aliança quebrada
(Neemias 13.1-31)

Neemias, antes de tratar da questão da restauração da aliança quebrada, fala sobre três coisas, que merecem destaque:

Primeiro, *a instabilidade do povo de Deus*. Muitas vezes, o povo de Deus fez promessas solenes e as quebrou. No capítulo 10, vemos um grande avivamento espiritual quando o povo fez uma aliança com Deus; mas no capítulo 13, vemos essas mesmas promessas sendo quebradas.

Segundo, *a importância da liderança espiritual na vida do povo de Deus*. Na restauração física e espiritual da cidade de Jerusalém, Neemias enfrentou ataques externos e internos; inimigos de fora e oposição de dentro; mas, sempre com firmeza, conduziu o povo nessa restauração durante doze anos (2.1; 13.6). Agora, com a ausência de Neemias, sem sua firme liderança espiritual, o sacerdócio se corrompeu e o povo quebrou a própria aliança que havia feito com Deus. Cyril Barber faz o seguinte comentário sobre essa situação:

> Neemias permanece na Babilônia por doze anos. Durante a sua ausência, o partido da oposição, composto do sumo sacerdote e sua família, mais os cidadãos influentes da cidade, desprezaram a política separatista de Neemias a favor de menos restrições, diálogo aberto com o samaritanos, e a remoção de influências inibidoras.[167]

Derek Kidner diz que se na sua primeira visita Neemias fora um redemoinho, na segunda era todo fogo e terremoto para uma cidade que se acomodara na sua ausência a um meio-termo confortável com o mundo gentio.[168]

Terceiro, *a única maneira de restaurar a aliança quebrada é uma volta à Palavra de Deus*. A restauração recomeçou quando o livro de Moisés foi aberto. Sem profecia o povo se corrompe. Sem a Palavra de Deus, o povo perde o caminho. Não há reforma sem volta às Escrituras. Precisamos de uma nova reforma na vida da Igreja. Hoje a maior necessidade da igreja evangélica é uma volta profunda à Palavra. Carregamos a Bíblia, estudamo-la, mas não a colocamos em prática. Neemias destaca alguns problemas enfrentados.

A ameaça do ecumenismo (13.1-3)

Neemias tange dois aspectos importantes sobre a questão do ecumenismo:

Primeiro, *o ecumenismo é uma mistura proibida por Deus* (13.1,2). A proibição de Deus não é racial, mas religiosa. Os amonitas e moabitas adoravam outros deuses. Eles não

A restauração da aliança quebrada

só foram hostis ao povo de Deus, mas contrataram um profeta amante do dinheiro para amaldiçoá-lo. A tolerância com o mal foi a causa da quebra da aliança firmada. O sacerdote Eliasibe, que sempre fora um opositor velado, com a ausência de Neemias por doze anos, abusivamente usou seu posto para desviar o povo de Deus. Possivelmente nesse tempo, o profeta Malaquias está denunciando a corrupção do sacerdócio de Jerusalém (Ml 2.1-9). O alerta do livro de Neemias é que a mistura com aqueles que adoram outros deuses corrompe a teologia, o culto e a moral.

Segundo, *para não se cair na teia do ecumenismo, é imperativo um afastamento* (13.3). Deus nunca ordenou ao seu povo a se unir com os pagãos com o fim de ganhá-los. A ordem de Deus é sempre: "Retirai-vos do meio deles..." (2Co 6.17). "Retirai-vos dela, povo meu, para não serdes cúmplices de seus pecados e para não participardes de seus flagelos" (Ap 18.4). Neemias diz que o povo, ao ouvir a Palavra de Deus, apartou de Israel todo elemento misto (13.3). Foi a leitura pública das Escrituras que tornou Israel consciente das suas obrigações diante de Deus como Seu povo. Há muita coisa do mundo entrando na Igreja que precisa ser tirado. Alguém, apropriadamente, já disse: "Procurei a igreja e a encontrei no mundo; procurei o mundo e o achei na igreja". Infelizmente, por dolo de uns e conivência de outros, existem doutrinas falsas entrando nos seminários, nos púlpitos, nas igrejas. Precisamos nos acautelar. Muitas igrejas que um dia professaram uma fé genuína em Deus e adotaram doutrinas evangélicas ortodoxas estão hoje de braços dados com seitas heréticas. Com isso, essas igrejas perderam sua mensagem e sua autoridade como embaixadora de Deus.

NEEMIAS – O líder que restaurou uma nação

A profanação da Casa de Deus (13.4-9)

A liderança espiritual não apenas se distanciou de Deus, mas aliou-se ao inimigo. Neemias destacou três etapas nesse concubinato nocivo:

Em primeiro lugar, *a família sacerdotal se uniu aos inimigos de Deus* (13.4,28). Eliasibe, o sacerdote, se aparentou com Tobias, o amonita. Ele se tornou aliado do inimigo, fez aliança com o próprio adversário e corrompeu o sacerdócio. O neto do sacerdote tornou-se genro de Sambalá, o arquiinimigo de Israel (13.28). Formaram uma aliança espúria e perigosa. Quando Neemias expulsou esse sacerdote, diz Flávio Josefo, Sambalá construiu para ele um templo em Gerisim e aí começou o culto pagão dos samaritanos.

Em segundo lugar, *a família sacerdotal levou o inimigo para dentro da Casa de Deus* (13.5). Se não bastasse o parentesco com o inimigo, agora Eliasibe levou Tobias para dentro do templo. Ele pôs o inimigo dentro da Casa de Deus. Certamente ele substituiu os sacerdotes e levitas que cuidavam da Casa de Deus por um homem vil, que perseguira tão tenazmente o povo de Deus. Não há maior corrupção do que essa, de tirar da Casa de Deus os obreiros fiéis e colocar no lugar o próprio inimigo. Eliasibe usou de forma repulsiva sua liderança e aproveitou a ausência de Neemias para destruir a obra de Deus. Ele era o grande líder religioso, mas em vez de usar sua influência para abençoar o povo, usou-a para minar a fé do povo. Um líder religioso sem piedade é um desastre. Charles Spurgeon diz que o maior instrumento de Satanás dentro da igreja é um líder sem piedade.[169]

Em terceiro lugar, *a família sacerdotal beneficiou o próprio inimigo, e contaminou a Casa de Deus* (13.6-9). Eliasibe fez uma câmara grande para Tobias exatamente no lugar onde eram depositados os dízimos e ofertas para os sacerdotes,

A restauração da aliança quebrada

levitas e cantores (13.5). Neemias diz que ele fizera isso para beneficiar Tobias (13.7). Os dízimos e as ofertas para o sacerdócio foram desviados para Tobias. Por isso, os obreiros da Casa de Deus, por falta de sustento, precisaram fugir para os campos e o inimigo instalou-se dentro da Casa de Deus e a profanou (13.10). O verbo fugir do versículo 10 indica fugir por perseguição.[170] A corrupção religiosa de Eliasibe foi ainda mais ignominiosa. A parcialidade já era um grave pecado, mas o favorecimento daqueles que são inimigos do povo de Deus tornou-se uma declarada apostasia.

Diante dessa insensata postura da liderança espiritual de Jerusalém, Neemias tomou algumas atitudes para corrigir a profanação da Casa de Deus:

Em primeiro lugar, *Neemias sentiu grande indignação* (13.8). Neemias era um homem capaz de chorar e também de sentir grande indignação. Ele não era condescendente com o pecado. Ele irou-se contra aquele terrível mal. O pecado deve também nos indignar. Somente pessoas que têm capacidade de se indignar contra o mal podem fazer diferença na História. Martin Luther King indignou-se com a abominável discriminação racial em seu país. Mobilizou os negros numa revolução pacífica e levantou em sua nação a bandeira da igualdade de direitos para todos. Nas escadarias do memorial de Lincoln, em Washington, diante de uma grande multidão, ele ergueu sua voz e disse: "Eu tenho um sonho, que um dia meus filhos possam ser julgados pela dignidade do seu caráter e não pela cor da sua pele". Esse grande bandeirante dos direitos humanos tombou como mártir dessa causa, mas mudou a realidade do seu país e legou-nos um exemplo digno de ser imitado.

Em segundo lugar, *Neemias lançou fora todos os móveis de Tobias* (13.8). Há coisas que são impróprias dentro da

Casa de Deus. Neemias fez uma faxina na Casa de Deus. O inimigo deve sair e também tudo aquilo que lhe pertence. Não podemos ser tolerantes com o pecado. Transigir com o erro é assaz perigoso. Não adianta mudar os móveis de Tobias de posição, eles precisam ser lançados fora. Cyril Barber faz um alerta oportuno:

> Homens capazes como Neemias são muito necessários hoje. Tanto na igreja quanto fora dela temos há muito tolerado o mal. Por um lado, existem doutrinas falsas e pseudopiedade que permitem aos inimigos da verdade diminuir os pontos básicos da fé e controlar os currículos de nossas faculdades e nossos seminários; por outro lado, os velhos princípios de moral e integridade foram desprezados para dar lugar à política do conveniente e à crença de que os fins justificam os meios. Tais tendências, tanto nas esferas sagradas quanto nas seculares, precisam ser desafiadas por aqueles que aderem à piedade e praticam os seus princípios. Mas a causa do declínio espiritual tem de ser atacada na raiz, onde começou, na tolerância ao mal.[171]

Em terceiro lugar, *Neemias purificou as câmaras da Casa de Deus*. A Casa de Deus precisa ser um lugar consagrado, exclusivo para o serviço de Deus. A profanação da Casa de Deus é algo que deve ser combatido com toda veemência. Jesus expulsou do templo os vendilhões, pois a Casa de Deus estava sendo transformada num mercado. O lucro e não a adoração estava sendo a motivação daqueles comerciantes. Eles viam o templo não como casa de oração, mas como mercado para fazerem bons negócios. Esse mal ainda ameaça a Igreja hoje. Há muitos líderes que estão transformando o púlpito num balcão, a igreja numa praça de barganha, o evangelho num produto e os crentes em consumidores. Essa profanação da Casa de Deus precisa ser reprovada com vigor, pois Deus tem zelo pela Sua Casa.

A restauração da aliança quebrada

Em quarto lugar, *Neemias mandou trazer de volta os utensílios e as ofertas*. Os objetos sagrados precisam estar na Casa de Deus. As ofertas retidas precisam ser novamente trazidas. Devemos dar a Deus o que é de Deus.

A dispersão dos obreiros de Deus (13.10-14)

Os obreiros estavam abandonando o ministério e se envolvendo em atividades seculares porque a Casa de Deus estava desamparada. Isso nos ensina algumas lições extremamente sérias:

Em primeiro lugar, *quando a Igreja deixa de cumprir o seu papel, os dízimos e as ofertas são retidos* (13.10). O sacerdócio estava corrompido. Os dízimos trazidos pelo povo estavam sustentando Tobias e não os obreiros de Deus. Então os sacerdotes, levitas e cantores deixaram o seu posto e o povo reteu os dízimos e as ofertas. Esse tempo vivido por Neemias em sua segunda visita a Jerusalém é praticamente o mesmo do profeta Malaquias. O povo antes do cativeiro trazia o dízimo para subornar a Deus; agora, ostensivamente, retinha-o para roubar a Deus. A retenção do dízimo é desamparar a Casa de Deus (10.39). Malaquias alertou o povo acerca de quatro graves pecados em relação ao dízimo (Ml 3.8-10):

Primeiro, reter o dízimo. O povo estava roubando a Deus nos dízimos e nas ofertas. A palavra hebraica traz a idéia de assaltar ou tomar acintosamente. Deus havia dito que o dízimo é santo a Ele, mas o povo rebeldemente recusou trazer à Casa do Tesouro o que pertencia a Deus.

Segundo, subtrair o dízimo. Malaquias ordena o povo a trazer todos os dízimos. Reter mais do que é justo é pura perda. O povo estava tentando enganar a Deus quando trazia os dízimos e ofertas. Estavam retendo fraudulentamente parte do que pertencia ao Senhor. Ainda hoje muitas pessoas, ao fazerem o cheque do dízimo, escondem como Ananias e Safira parte daquilo que pertence ao Senhor.

Terceiro, administrar o dízimo. A ordem de Deus é expressa, o dízimo deve ser trazido à Casa do Tesouro. Não temos o direito de alterar uma ordem de Deus. Não podemos administrar o dízimo. Nossa responsabilidade é entregá-lo com fidelidade. Muitas pessoas sonegam o dízimo dizendo que não confiam nos líderes. Mas o Senhor não nos constituiu juízes e fiscais do dízimo. Se os líderes forem infiéis terão de prestar contas a Deus da sua administração. Quanto a nós, devemos ser fiéis.

Quarto, subestimar o dízimo. O povo perguntou para Deus: "Em que te roubamos?", e o Senhor respondeu: "Nos dízimos e nas ofertas". Movidos por pensamentos defensivos e cheios de ceticismo e racionalizações, eles pensavam que a retenção do dízimo não afetasse em nada a vida espiritual deles. Mas o bolso é o grande revelador do coração. A sinceridade do culto passa, muitas vezes, pelo gazofilácio. Quem ama a Deus, não O rouba. Quem ama Deus tem prazer em ser fiel a Ele nos dízimos e nas ofertas.

Em segundo lugar, *quando a igreja retém os dízimos e as ofertas, os obreiros se ocupam com outras atividades* (13.10). O projeto de Deus era que os sacerdotes e levitas trabalhassem integralmente na Sua obra. Eles deviam cuidar exclusivamente das coisas de Deus. Mas com a retenção do sustento, eles foram para os campos e a Casa de Deus foi desamparada. Com a falta de ensino da Palavra, o povo entregou-se a uma vida espiritual frágil e aconteceu um grande declínio moral.

Em terceiro lugar, *quando os obreiros de Deus voltam a abraçar a vocação divina, o povo responde com fidelidade*

A restauração da aliança quebrada

nos dízimos (13.11,12). Neemias contendeu com os magistrados, pois eles haviam deixado de agir; eles haviam sido frouxos na liderança, permitindo a corrupção do sacerdócio e a dispersão dos obreiros. Tão logo os obreiros voltaram ao seu posto de trabalho, o povo correspondeu com sua fidelidade.

Em quarto lugar, *a administração financeira na igreja precisa ser feita com integridade e transparência* (13.13). Neemias é um homem íntegro. E ele entende que as coisas de Deus precisam ser tratadas com seriedade, integridade e transparência. Ele nomeou pessoas fiéis para cuidar dos dízimos e ofertas na Casa de Deus. Hoje, muitas igrejas lidam com dinheiro de forma suspeita. Há igrejas que são verdadeiras empresas familiares, onde não há prestação de contas para o povo nem integridade na maneira de arrecadar e investir os recursos. Essas práticas certamente não têm amparo na Palavra de Deus.

A profanação do dia do Senhor (13.15-22)

Neemias destacou três solenes verdades com respeito ao dia do Senhor:

Em primeiro lugar, *o trabalho e o comércio no dia do Senhor são vistos como um mal* (13.15-17). O sábado foi separado como santo (Êx 16.23-29; 20.10,11; 31.17). Era expressamente proibido trabalhar no sábado (Êx 35.3; Nm 15.32). A guarda do sábado era um sinal entre o Deus que guarda a aliança e o Seu povo (Ez 20.12,20). O sábado foi dado como descanso. Nesse dia deve-se cessar todo o trabalho para nos lembrarmos de Deus. A profanação do dia do Senhor é um sinal do secularismo. O comércio no dia do Senhor corrompia completamente o propósito do descanso e da adoração. Quando o lucro toma o lugar do culto, então

NEEMIAS – O líder que restaurou uma nação

estamos em grande perigo. Quando se passa a confiar mais na provisão do que no provedor, então estamos na contramão da vontade de Deus. O domingo é o dia do Senhor. Por isso, nesse dia devemos descansar de nossas atividades, trabalho e estudo, para nos consagrarmos inteiramente à adoração.

Em segundo lugar, *a quebra do dia do Senhor e a conseqüente profanação do culto foram uma das fortes causas da queda de Judá* (13.18). A maior fraqueza do povo é o pecado. Judá não foi derrotado apenas pelo inimigo. Foi Deus quem trouxe todo o mal contra o Seu povo para discipliná-lo por causa da sua desobediência. A inobservância do dia do Senhor é um forte sinal da decadência espiritual da igreja contemporânea. Na Europa e na América, muitas igrejas estão vazias. Em outros lugares, há muitas igrejas cheias de pessoas, mas vazias da Palavra de Deus. O secularismo está entrando dentro das próprias igrejas e anestesiando os próprios cristãos.

Em terceiro lugar, *medidas práticas devem ser tomadas para que o dia do Senhor seja observado* (13.19-22). Neemias ordena, determina, controla, vigia, fiscaliza, protesta, ameaça, coloca guardas. Ele não apenas fala. Ele age. Ele não apenas ensina. Ele toma medidas práticas para a eliminação do mal. Hoje, uma das maiores causas do secularismo galopante na Igreja é a quebra da observância do dia do Senhor. Não nos preparamos para o dia do Senhor. Não nos deleitamos nesse dia. Muitos se entregam a um lazer profano. Outros entregam-se ao trabalho e ao desejo do lucro. Outros se esquecem de Deus.

O perigo do casamento misto (13.23-29)

Neemias fez três observações solenes em relação ao casamento misto:

A restauração da aliança quebrada

Em primeiro lugar, *o casamento misto está em desacordo com o propósito de Deus para o Seu povo* (13.27). O casamento misto ao longo dos séculos foi uma prática perigosa que trouxe problemas para o povo de Deus no dilúvio, na formação da nação, na restauração da nação, na dispensação neotestamentária. Os judeus estavam se casando com mulheres asdoditas, amonitas e moabitas, ou seja, com mulheres que adoravam deuses estranhos. Neemias diz que o grande Salomão, o homem amado de Deus, corrompeu-se e conseqüentemente Israel entrou em rota de colisão, por causa do seu envolvimento com mulheres estrangeiras. Elas o fizeram cair no pecado (13.26). Neemias entende que o casamento misto é um grande mal e uma prevaricação contra Deus (13.27).

O casamento misto dentro da família sacerdotal (13.28) foi um golpe que quase atingiu fatalmente o coração da religião judia. Um dos filhos de Joiada, filho do sumo sacerdote Eliasibe, casou-se com uma filha de Sambalá, o grande inimigo dos judeus, sendo expulso do templo (13.28). Havia regulamentos especiais que governavam o casamento dos sacerdotes (Lv 21.6-8,13,14; Dt 23.8-11). O casamento é considerado um pacto entre duas pessoas e Deus (Pv 2.17; Ez 16.8; Ml 2.14). Assim, o casamento misto corrói a própria base do casamento. O lar deve ser a base da sociedade, a estrutura sobre a qual uma nação se constrói. Paulo, em 2Coríntios 6.14-17, fala da inconveniência da aliança entre crentes e incrédulos. Jaime Kemp alerta para o fato de que 75% dos casamentos mistos enfrentam sérios problemas. Antonio Neves de Mesquita acentua o fato dramático de que os casamentos mistos são a ruína de muitos jovens em nossas igrejas.[172]

Em segundo lugar, *o casamento misto desemboca numa educação deficiente dos filhos* (13.24). Havia profundo desvio

NEEMIAS – O líder que restaurou uma nação

espiritual no lar, pois as mães criavam os filhos conforme seus próprios costumes pagãos, e a ignorância espiritual prevalecia.[173] Os filhos do casamento misto já não falavam o hebraico, cresciam falando meio asdodita, com línguagem, hábitos e costumes mistos. Derek Kidner diz:

> A balbúrdia de idiomas entre as crianças (13.24) não era apenas um sintoma, mas, sim, uma ameaça: importava numa erosão contínua da identidade israelita no nível da totalidade do pensamento e da expressão, e uma perda de acesso à Palavra de Deus efetivamente paganizaria os israelitas.[174]

Os filhos de casamentos mistos ficam divididos, pois recebem dupla orientação e às vezes ficam espremidos pela tensão espiritual dos pais.

Cyril Barber faz referência ao paralelo feito pelo escritor Arthur Pierson, em seu livro *The Bible and the Spiritual Life*, entre duas famílias do século 18: a família de Jonathan Edwards e a família de Max Jukes. Jonathan Edwards nasceu num lar piedoso. Seu pai foi pregador, e antes dele, o pai de sua mãe. Seus descendentes eram dedicados à Palavra de Deus e seguiram princípios de honestidade e integridade. Mais de quatrocentos deles estão enumerados, incluindo presidentes de universidades, professores, ministros do evangelho, missionários, teólogos, advogados e juízes, e autores de renome. Uma pesquisa cuidadosa da família criminosa de Max Jukes mostra uma longa linha de prostituição, embriaguez, imbecilidade e insanidade. Traçaram um total de 1.200 descendentes dessa família prolífera. Um grande número se destruiu fisicamente. Alguns eram mendigos profissionais, outros criminosos condenados ou assassinos. De todos os 1.200, apenas vinte aprenderam uma profissão, e desses, a metade aprendeu na disciplina da prisão.[175]

A restauração da aliança quebrada

Em terceiro lugar, *uma atitude firme contra o casamento misto deve ser tomada* (13.25). Neemias contende, amaldiçoa, espanca, arranca os cabelos, conjura por Deus e ordena. Para uma doença grave, só um tratamento de choque. É vero o ditado: "para grandes males, grandes remédios". O casamento misto é ainda hoje a ruína de muitos jovens em nossas igrejas. Estava em jogo aqui a pureza da linhagem do próprio Messias. O povo de Israel devia manter íntegra a linhagem do Messias. A questão aqui não era preconceito racial, mas pureza espiritual. Como já escrevemos, Rute, sendo moabita, ao converter-se ao Deus de Israel foi aceita na comunidade de Israel e fez parte da própria genealogia de Jesus (Mt 1.5). Devemos orientar firmemente os nossos jovens e adolescentes a terem o firme propósito de se casarem no Senhor!

Na conclusão deste capítulo e deste livro, destacamos três lições:

Primeira, *o preço da liberdade deve ser a vigilância constante.* Thomas Jefferson disse: "o preço da liberdade é a eterna vigilância". As vitórias de ontem não servem para hoje. Ontem houve um avivamento, hoje o povo está novamente em crise. Ontem houve uma aliança, hoje a aliança foi quebrada. Neemias nos ensina que não podemos descuidar. Enquanto ele esteve ausente, ou seja, de 432 a 420 a.C., o povo se corrompeu. Mas o fracasso de hoje não deve nos desanimar. Devemos lutar por uma nova reforma. O lema da Reforma era: "Igreja reformada, sempre reformando". As mesmas decisões tomadas no capítulo 10 de Neemias, quando da grande reforma, precisam ser tomadas agora novamente (13.30,31). Neemias diz: "limpei... designei... forneci". É por isso que nos reunimos domingo após domingo. Precisamos estar continuamente acertando nossa vida com Deus!

Segunda, *a restauração do povo precisa sempre passar pela Palavra de Deus e pela oração* (13.1,3,14,22,31). A Palavra foi lida e Neemias está orando. O grande líder Neemias começa o livro orando e termina o livro orando. Sem a Palavra de Deus e sem a dependência de Deus, não há restauração do povo de Deus.

Terceira, *a restauração depende de líderes comprometidos com Deus.* John Mackay, ilustre presidente do Seminário de Princeton em seus tempos áureos, diz que a distribuição de vocações é mais importante do que a distribuição de riquezas. O segredo do sucesso de um empreendimento é colocar o homem certo no lugar certo. Neemias foi o líder certo, na hora certa, no lugar certo, para levantar uma cidade e devolver a dignidade à sua nação assolada. A restauração da cidade de Jerusalém tem muito a ver com a forte liderança espiritual de Neemias. Ele era um homem sensível e íntegro. Ele foi leal a Deus, ao rei e ao povo. Era um homem estável emocionalmente, que jamais se dobrava diante das pressões quer internas quer externas. Não dependia de aplausos nem se intimidava com as críticas. Ele tinha grande discernimento espiritual e profunda coragem. Foi um homem comprometido com a Palavra e com a oração. Neemias foi o líder que salvou uma nação!

Dois mil e quinhentos anos se passaram, mas estamos enfrentando os mesmos problemas. Hoje precisamos de novos Neemias. Quem sabe, Deus esteja levantando você para fazer diferença em nossa geração! Quem sabe, você será um grande líder que vai ajudar a reconstruir os muros da nossa civilização e reerguer nossa nação desta crise tão devastadora!

A restauração da aliança quebrada

NOTAS DO CAPÍTULO 18

[167] BARBER, Cyril J. *Neemias e a dinâmica da liderança eficaz*, p. 147.

[168] KIDNER, Derek. *Esdras e Neemias*, p. 141-142.

[169] SPURGEON, Charles Haddon. *Um ministério ideal*. Vol. 2, p. 65.

[170] MESQUITA, Antonio Neves de. *Estudo nos livros de Crônicas, Esdras, Neemias e Ester*, p. 293.

[171] BARBER, Cyril J. *Neemias e a dinâmica da liderança eficaz*, p. 149.

[172] MESQUITA, Antonio Neves de. *Estudo nos livros de Crônicas, Esdras, Neemias e Ester*, p. 296.

[173] BARBER, Cyril J. *Neemias e a dinâmica da liderança eficaz*, p. 151.

[174] KIDNER, Derek. *Esdras e Neemias*, p. 144-145.

[175] BARBER, Cyril J. Op. cit., p. 151-152.

Sua opinião é importante para nós.
Por gentileza, envie-nos seus comentários pelo e-mail:

editorial@hagnos.com.br

Visite nosso site:

www.hagnos.com.br